中国青少年益智谜题挑战全书

谜题盒子
数桥

谜题编辑部 ◎ 编著

逻辑无处不在 · 思维巧妙无比

全面提升八大数学能力

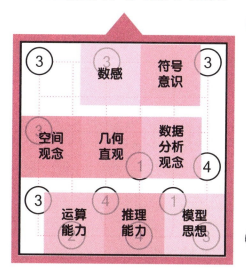

关注公众号
获得同步视频

科 学 出 版 社

北 京

内 容 简 介

数桥（Hashiwokakero），是一种画线类谜题，规则简单，易于上手，适合谜题入门学习。数桥虽然涉及计数，但它的主要难点并不是计算，而是观察和推理，通过数桥的练习可以有效提高这两方面能力。

本书精选200道练习题，题目难度分为入门、基础、初级、进阶、提高，在阅读数桥规则和解题技巧后，通过逻辑推理解开所有题目，相信你一定会爱上数桥。

图书在版编目（CIP）数据

数桥/谜题编辑部编著.—北京：科学出版社，2021.4

（谜题盒子）

ISBN 978-7-03-068410-3

Ⅰ.数… Ⅱ.谜… Ⅲ.智力游戏 Ⅳ.G898.2

中国版本图书馆CIP数据核字（2021）第047826号

责任编辑：杨 凯 / 责任制作：魏 谨
责任印制：师艳茹

北京东方科龙图文有限公司 制作

http://www.okbook.com.cn

科 学 出 版 社 出版

北京东黄城根北街16号
邮政编码：100717

http://www.sciencep.com

天津市新科印刷有限公司 印刷
科学出版社发行各地新华书店经销

*

2021年4月第 一 版 开本：720×1000 1/16
2021年4月第一次印刷 印张：9
字数：170 000

定价：38.00元

（如有印装质量问题，我社负责调换）

序

2007 年，我第一次接触益智类智力游戏时，便被它深深吸引。当时我们还只是给全球各国的益智游戏公司生产、供货，在工作之余，我对这些益智游戏产生了浓厚的兴趣。

2009 年我在杭州开设第一家益智游戏体验馆，2016 年创办初心思塾大脑思维学院，2017 年至今，"凯叔讲故事"聘请我为"数独亲子训练营"独家讲师和智库顾问，先后在其平台开设 "零基础·数独启蒙课"、"零基础·数独思维训练营"等多个训练营，服务了近百万游戏爱好者和学员，在这个过程中我得到的启发和反馈是：聪明的孩子爱思考，逻辑好的孩子，学习都不会差！

尤其是经典的智力谜题，它不分年龄、不分性别、不分国籍，只要你爱思考，一张题卡、一支笔，随时随地都可以专注地玩起来。一旦接触，就会情不自禁地爱上它。嗯，这真的是一个绝好的、超低成本的、让人爱不释手的大脑逻辑思维训练游戏！

在国际上，还有一个专为全球智力谜题爱好者服务的交流平台：世界智力谜题联合会（World Puzzle Federation）。在鼓励和推动全球谜题领域创新的同时，监管着一年一度的世界智力谜题锦标赛和其他谜题活动，让世界谜题爱好者之间的联系更为紧密。值得注意的是，在比赛中出现的很多创新题型，凝聚着世界各地智力谜题爱好者、脑力大神的心血，想要拿下它，绝对需要一定的智慧和时间。

"谜题盒子"，从上千款风靡世界的智力谜题中精心遴选出适合爱好者入门的 8 种经典题型：数桥、数回、数方、数墙、数和、珍珠、数壹、四风，是一套非常有"亲和力"的智力谜题启蒙题册，每本书 200 题，难度循序渐进，以培养解题兴趣为出发点，让谜题爱好者从零基础的大脑逻辑思维训练开始，从小在游戏中养成扎实的数学素养基本功。

《义务教育数学课程标准》中提到数学课程设计思路是："义务教育阶段数学课程的设计，充分考虑本阶段学生数学学习的特点，符合学生的认知规律和心理特征，有利于激发学生的学习兴趣，引发学生的数学思考；充分考虑数学本身的特点，体现数学的实质；在呈现作为知识与技能的数学结果的同时，重视学生已有的经验，使学生体验从实际背景中抽象出数学问题、构建数学模型、寻求结果、解决问题的过程。"

　　难能可贵的是，这套"谜题盒子"根据世界智力谜题的解题思路，进行科学分类，分别从线段、涂块、回路、计算等解题思路入手进行模块分组，与《义务教育数学课程标准》中提出的八大数学能力：数感、符号意识、空间观念、几何直观、数据分析观念、运算能力、推理能力和模型思想等不谋而合。

　　以在学员中受欢迎指数非常高的智力谜题——数墙、数回为例，在解题过程中，它不仅考验游戏玩家最基本的全局观察能力，还能训练游戏玩家的统筹规划和空间思维能力，在不断的挑战中，培养正向思维和逆向思维等有效解决问题的数学思维能力。

　　益智类智力谜题，不仅能让游戏玩家在逻辑推理中学会观察、思考，拥有放眼全局的思维能力，更能唤醒游戏玩家创造性的解题思维能力，在严谨的逻辑推理游戏中，见一知二、举一反三、触类旁通、融会贯通、学以致用，有效激活大脑潜能，奠定扎实的数学思维素养，在有趣的智力谜题游戏中，练就最强大脑！

郑春晖

初心思塾大脑思维学院创始人

儿童游戏指导师（高级）

家庭教育指导师（高级）

凯叔讲故事数独训练营签约讲师

尹建莉父母学堂益智桌游课签约讲师

英国托尼·博赞思维导图认证讲师

浙江·杭州

2021 年 2 月 26 日

目录

规则及解法

数桥（Hashiwokakero），是一种画线类谜题，盘面会给出一些数字作为小岛，按规则通过线条作为桥梁把这些小岛连接起来。具体规则如下所示：

（1）在格上画线将盘面中表示小岛的圆圈连成一个整体，不能有孤立的岛存在。

（2）圆圈内数字表示从小岛画出线段的总数。

（3）每个小岛只能向上、下、左、右四个方向画线，但不能穿过岛画线。

（4）小岛的一个方向最多可画出两条线段。

（5）画出的线段不能相交。

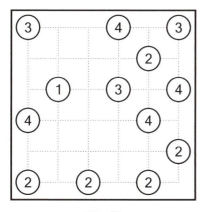

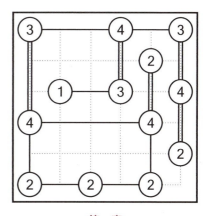

例　题　　　　　　　　　　　答　案

由于一个岛只能向上、下、左、右四个方向画线，并且一个方向最多可画出两条线段，所以盘面中的最大数字只能是8。下面介绍一些简单技巧，大家可以边做题，边总结：

（1）对于数字⑧，不要犹豫，直接在其上、下、左、右四个方向各画两条线段，如图1所示。

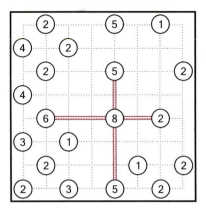

图 1

（2）对于数字⑦，其上、下、左、右四个方向中必有一个方向只能画一条线段，其余三个方向各画两条线段，因此可以先在其四个方向各画一条线段，如图 2 所示。

（3）对于数字⑥，如果只能向三个方向画线段（数字⑥在边上的情况），那么可以在这三个方向各画两条线段，如图 3 所示。

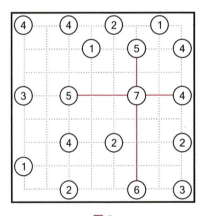

图 2　　　　　　　　**图 3**

（4）对于数字⑤，如果只能向三个方向画线段（数字⑤在边上的情况），那么可以先在这三个方向各画一条线段，如图 4 所示。

（5）对于数字④，如果只能向两个方向画线段（数字④在角的情况），那么可以在这两个方向各画两条线段，如图 5 所示。

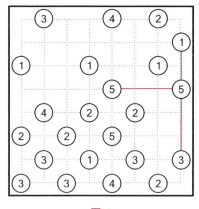

图 4

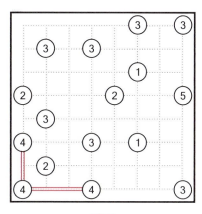

图 5

（6）对于数字③，如果只能向两个方向画线段（数字③在角的情况），那么可以先在这两个方向各画一条线段，如图 6 所示。

（7）对于数字②，如果只能向一个方向画线段（数字②上、下、左、右只有一个岛的情况），那么就在这个方向画出两条线段，如图 7 所示。

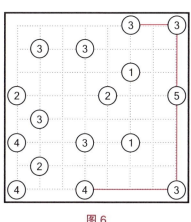

图 6

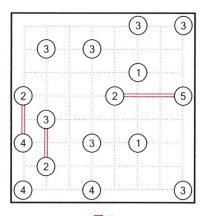

图 7

（8）对于数字①，因为不能有孤立的岛存在，如果数字①和数字①相连的话，就会出现孤岛，所以数字①和数字①之间不能连接，这一点非常重要。

最后说明一点，所有数桥题目只有唯一解，请大家进行逻辑推理，解开所有题目吧。

日本知名谜题公司 Nikoli
为中国读者量身打造

体验原汁原味的谜题

世界谜题联合会推荐普及读物
世界谜题锦标赛指定用书

数桥练习题

001

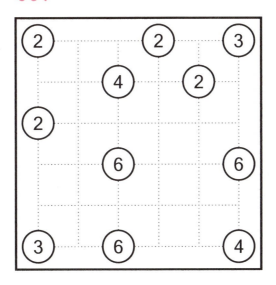

002

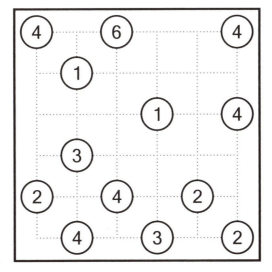

003

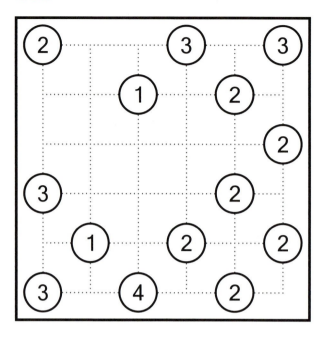

004

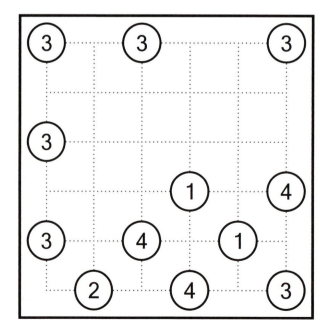

005

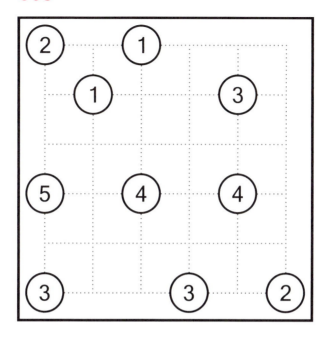

006

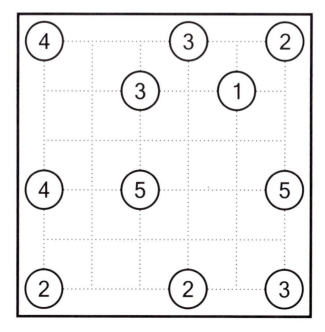

007

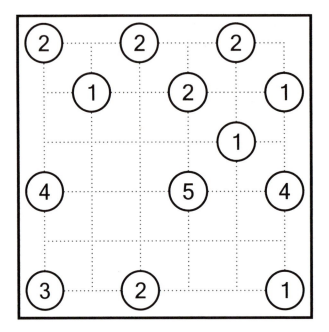

008

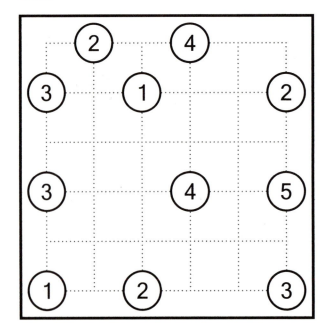

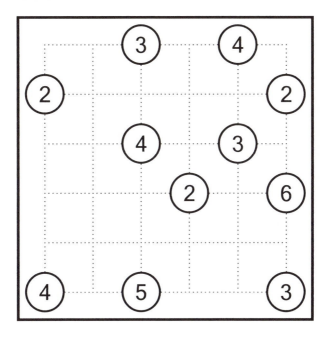

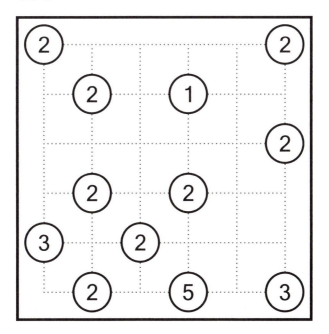

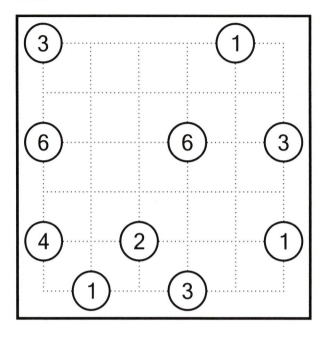

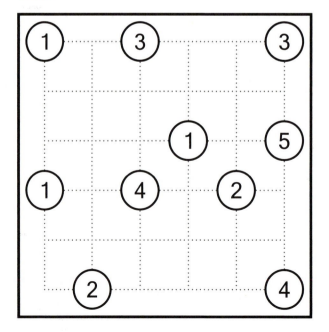

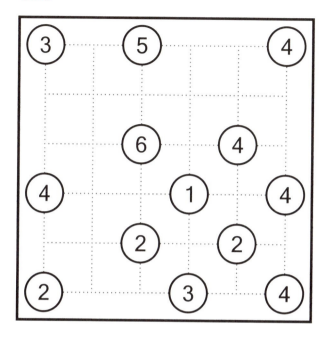

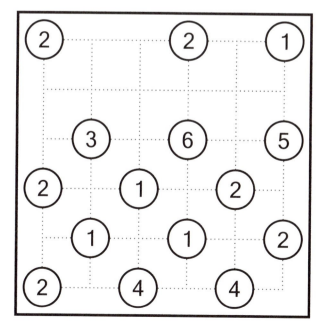

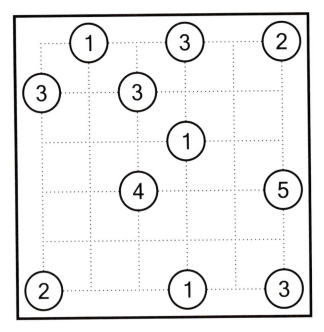

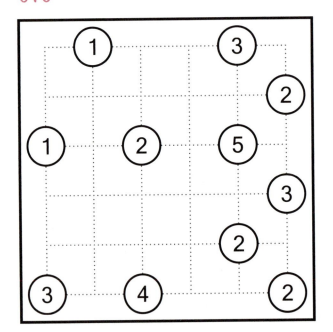

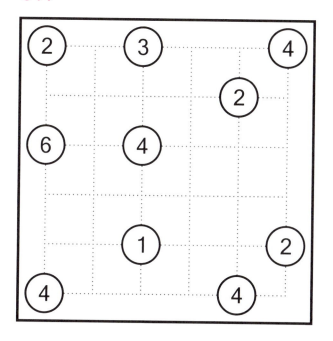

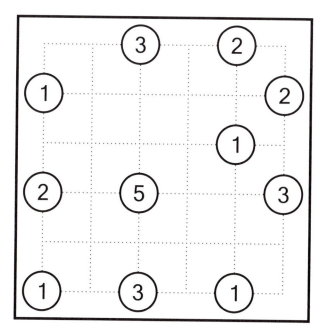

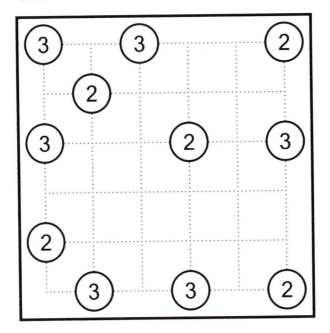

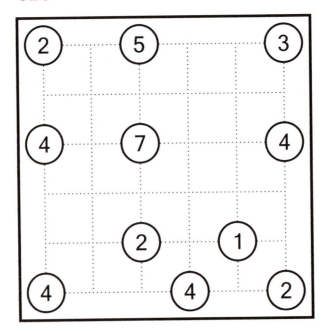

021

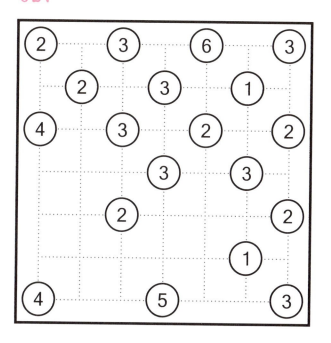

022

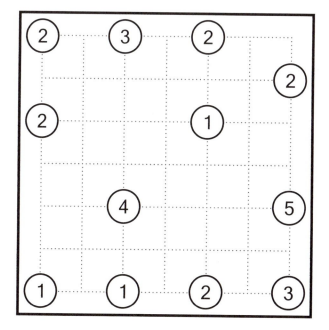

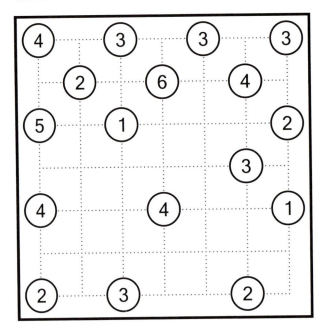

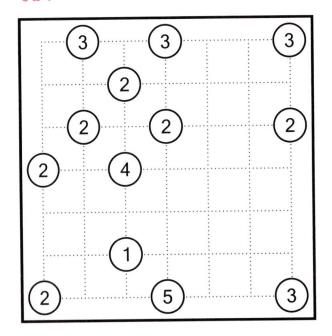

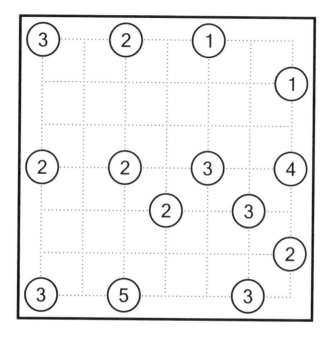

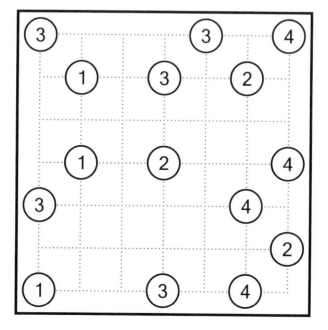

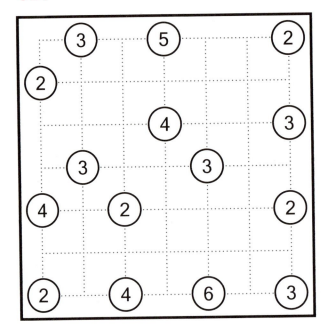

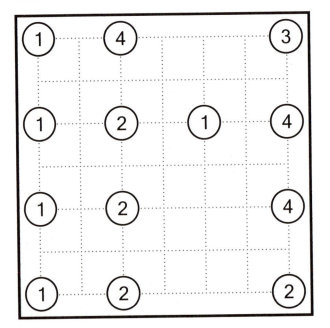

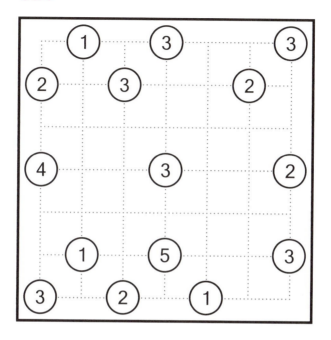

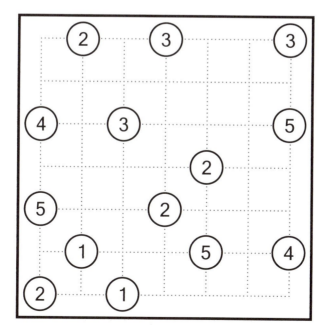

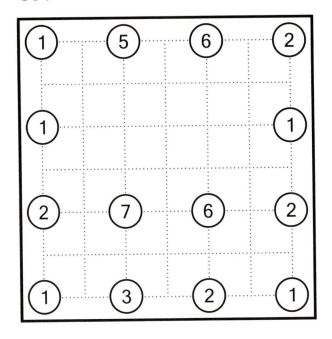

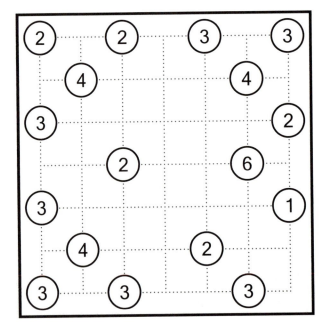

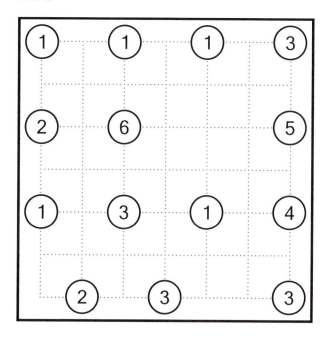

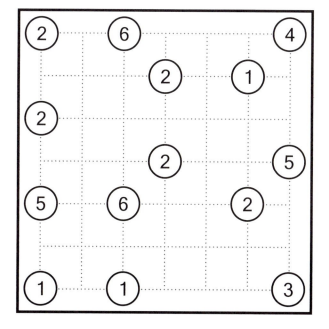

035

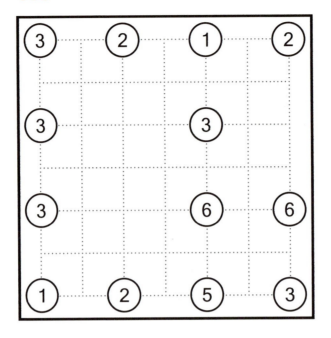

036

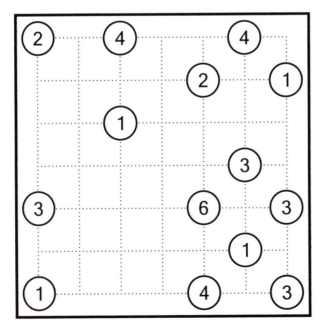

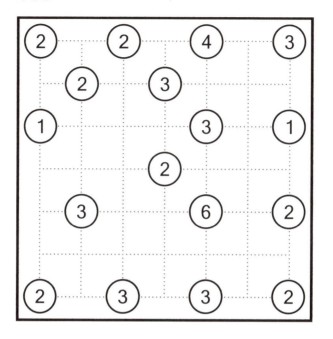

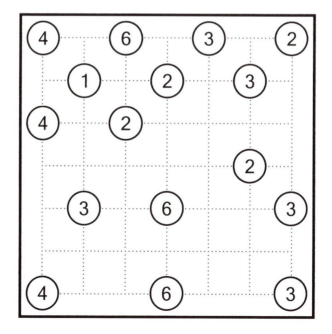

039

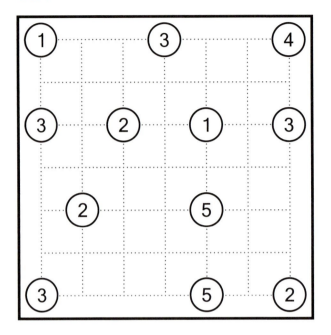

040

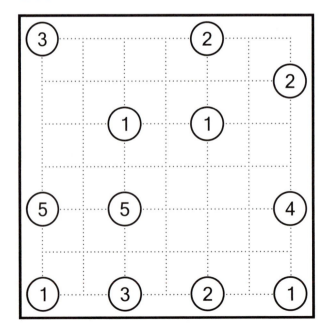

041

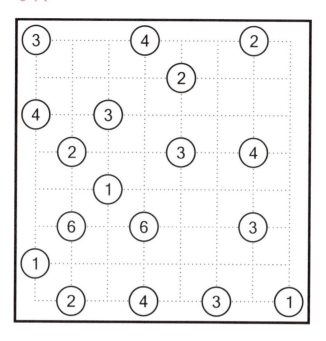

042

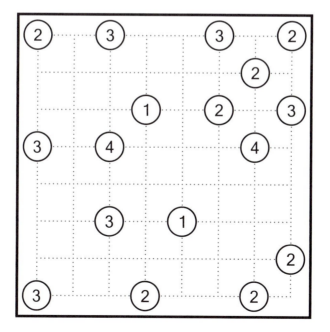

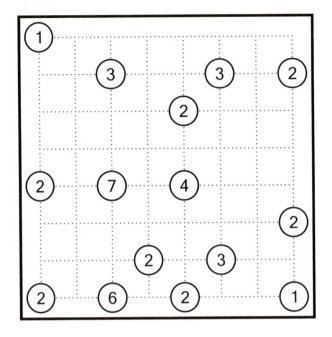

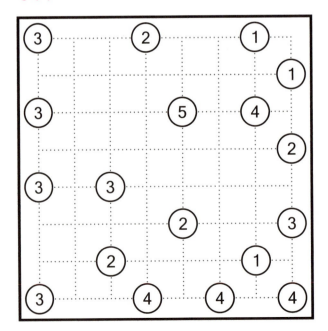

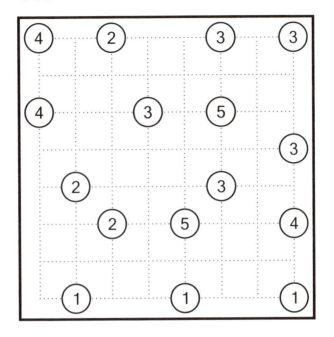

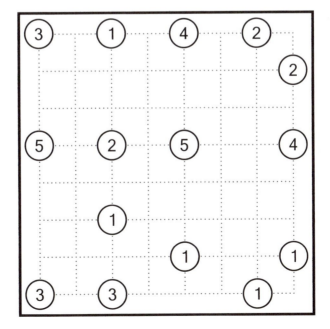

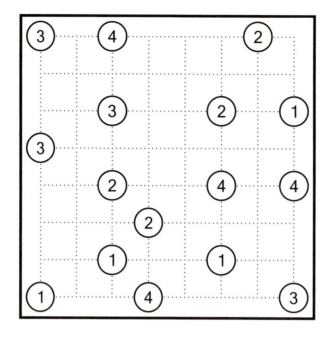

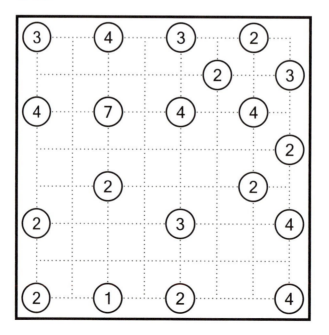

049

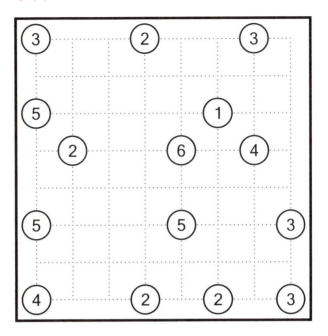

050

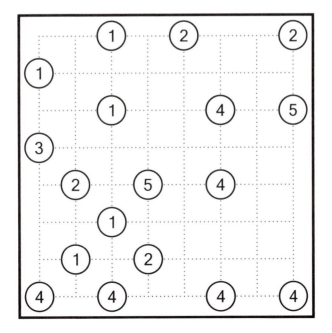

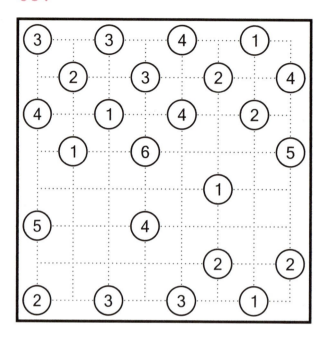

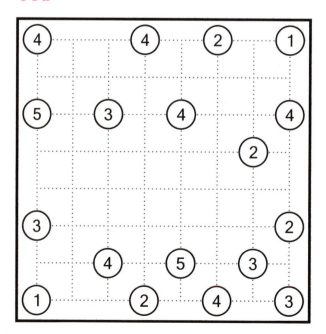

053

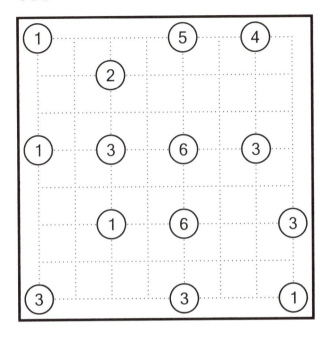

054

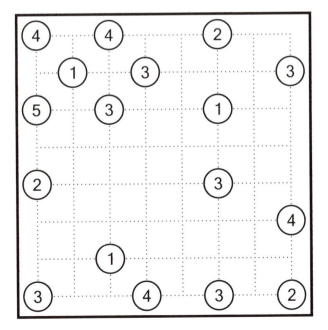

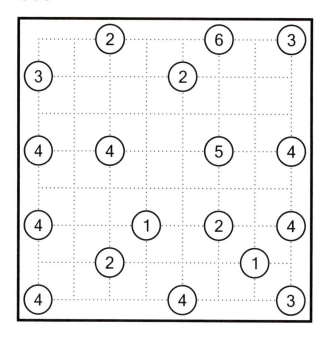

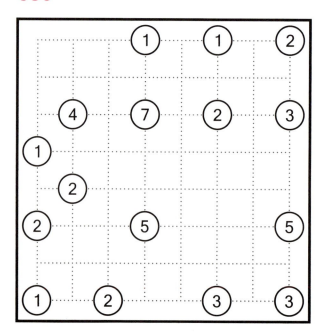

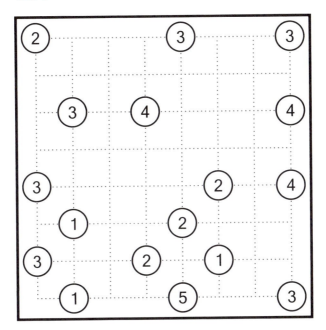

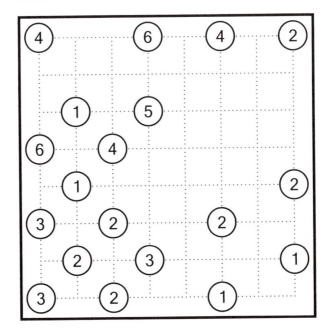

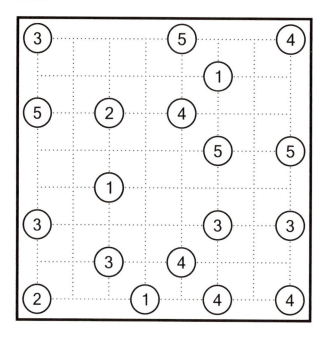

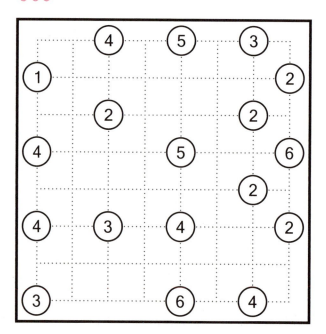

061

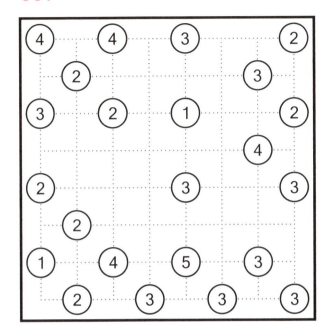

062

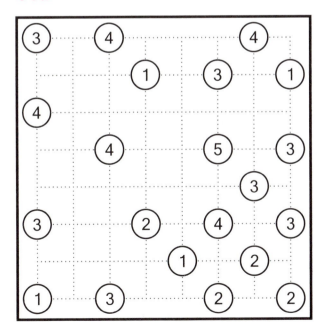

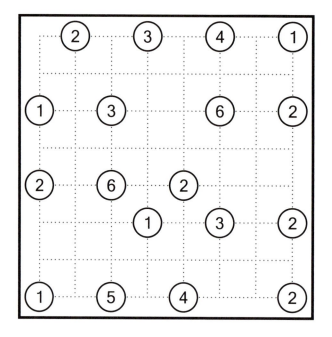

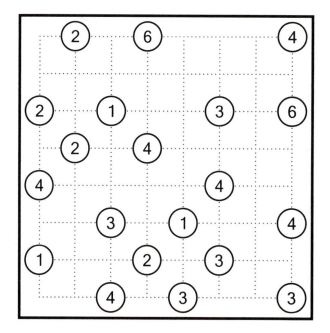

065

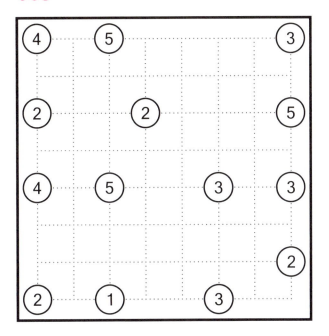

066

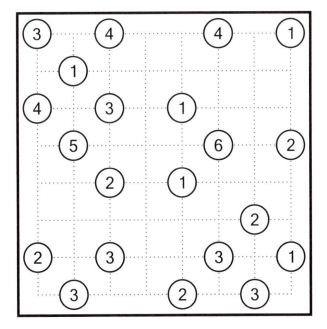

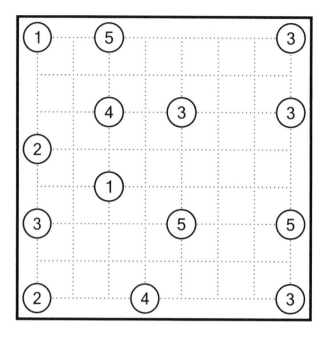

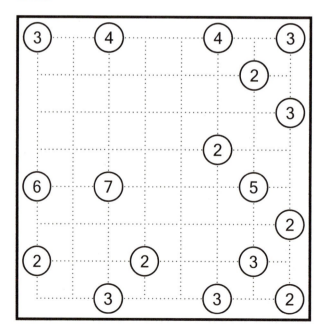

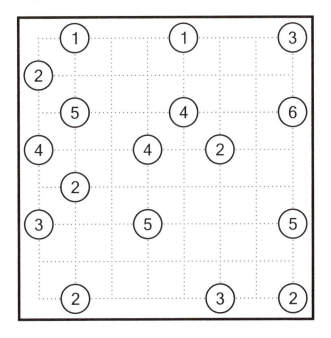

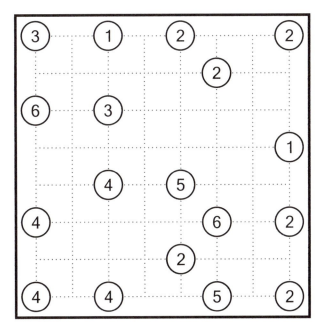

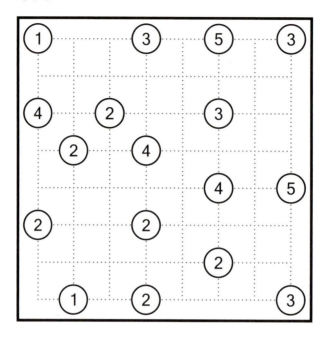

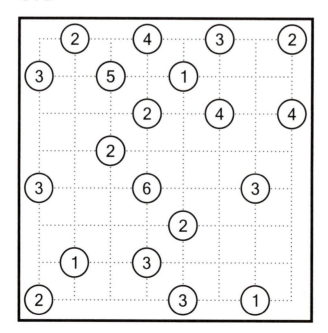

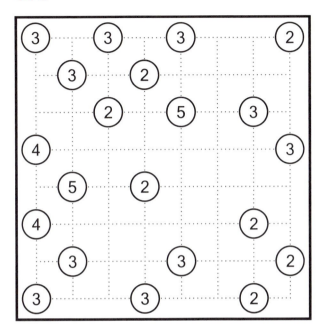

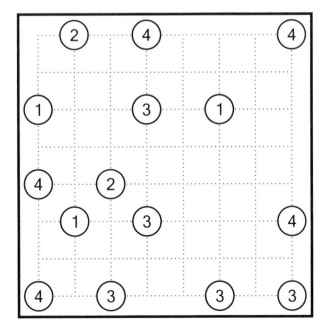

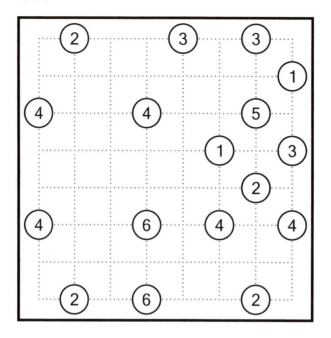

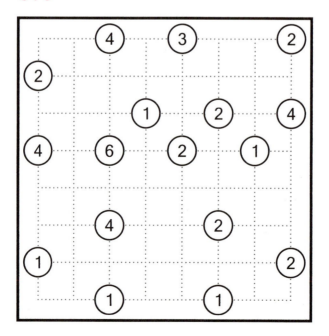

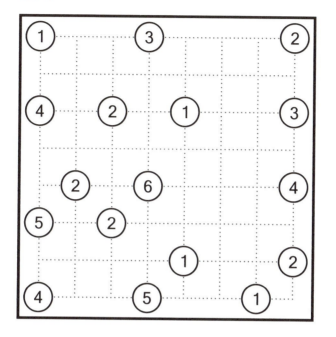

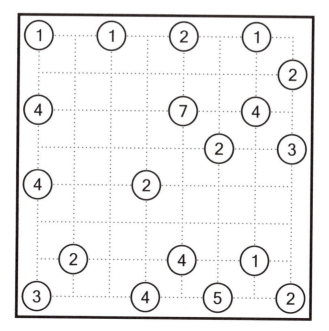

079

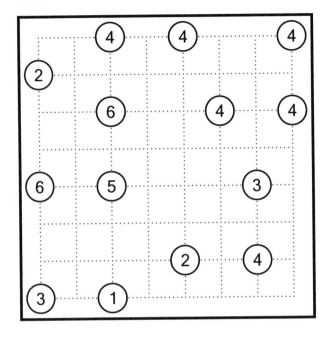

080

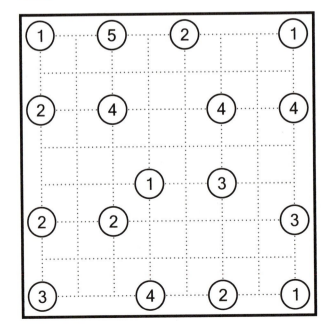

081

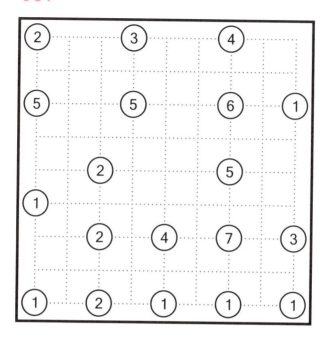

082

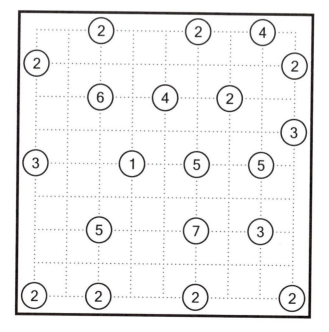

083

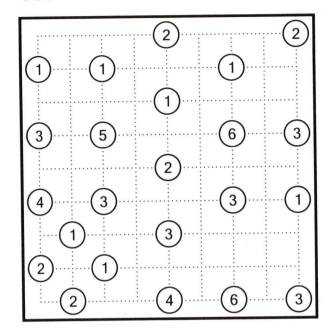

084

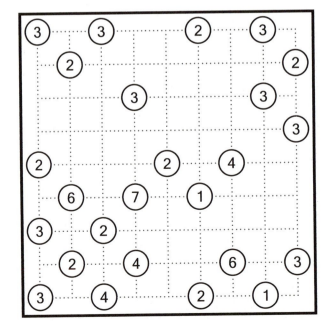

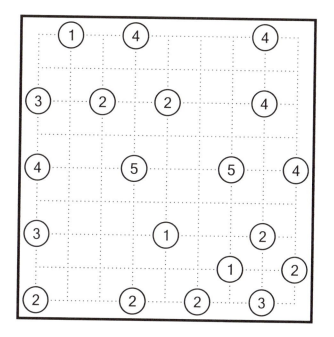

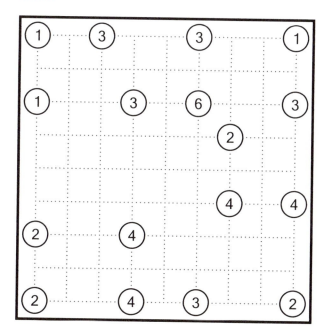

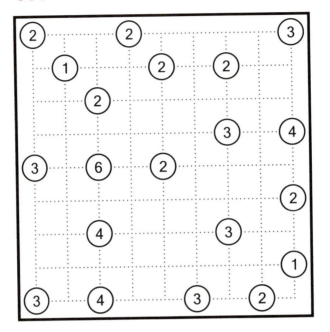

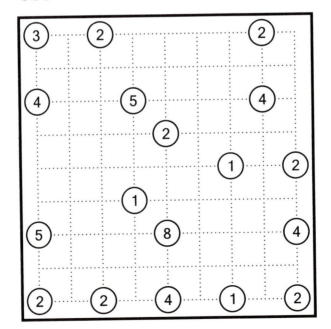

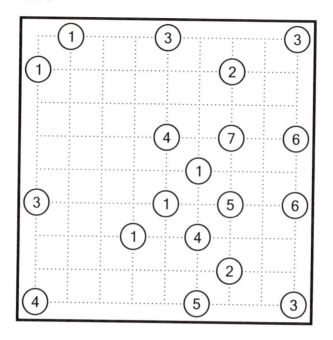

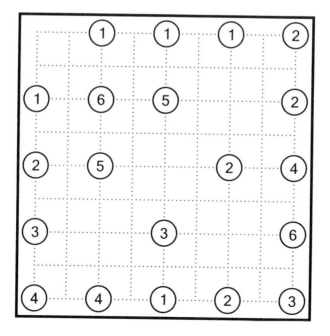

091

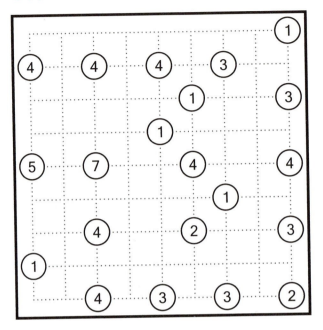

092

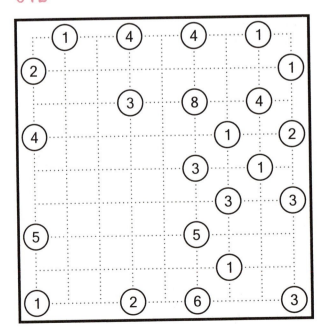

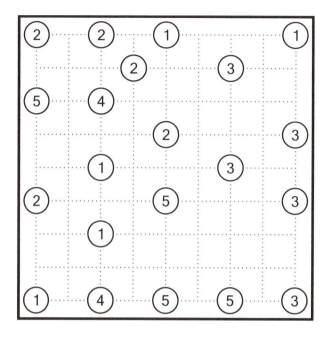

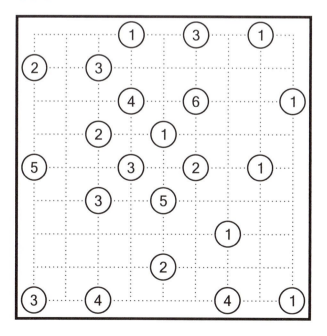

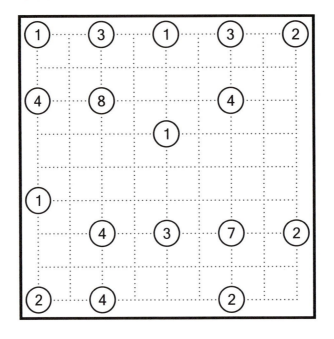

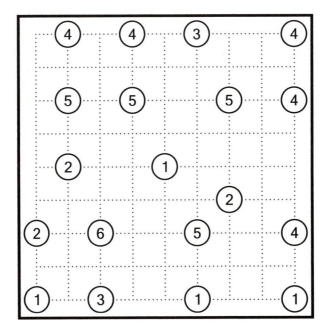

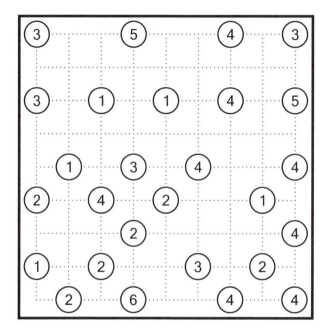

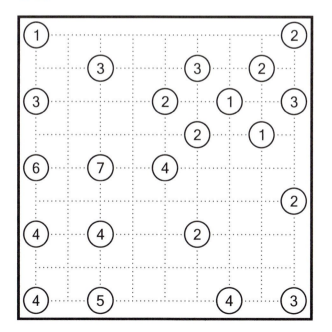

099

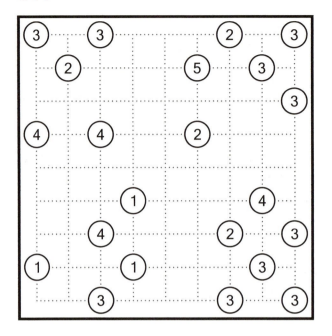

100

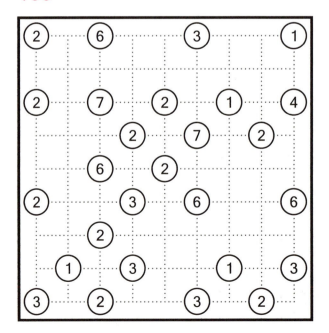

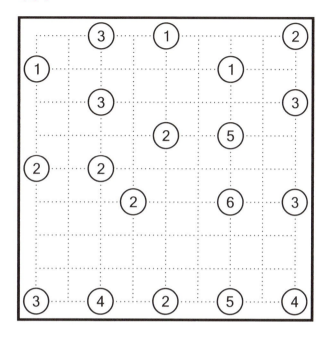

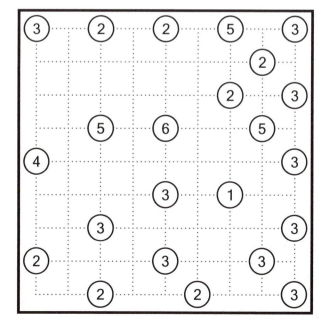

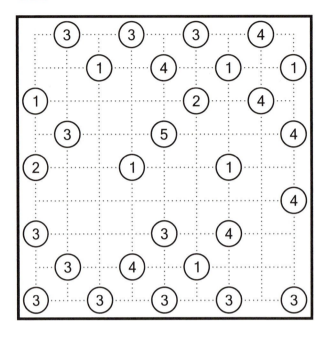

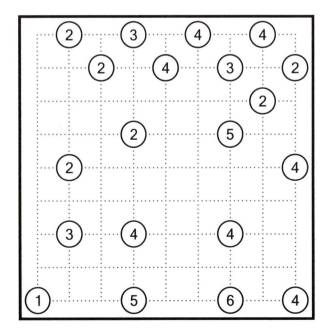

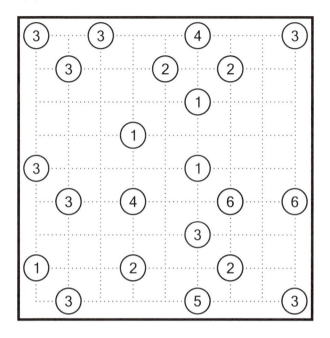

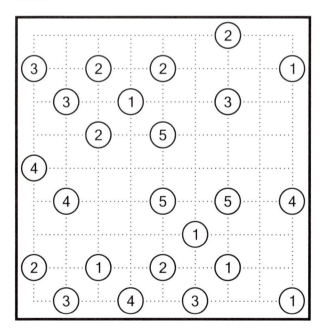

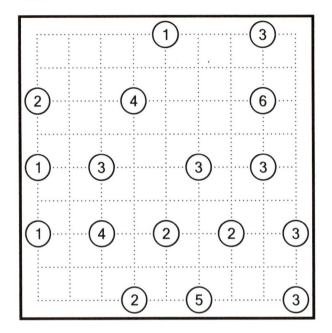

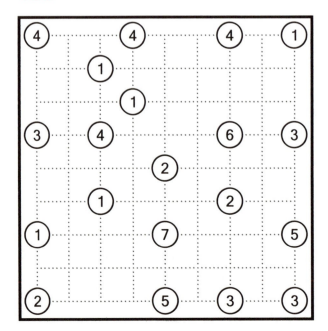

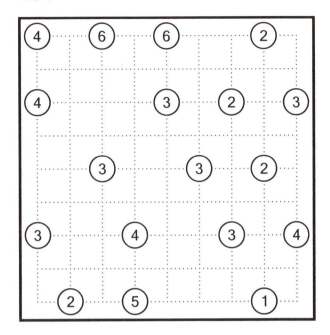

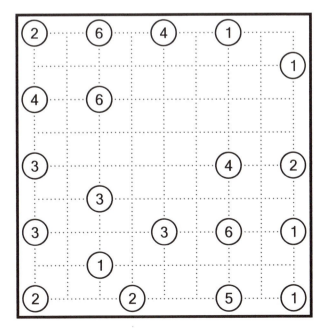

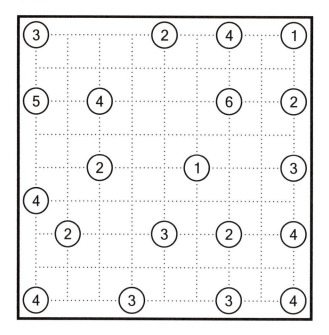

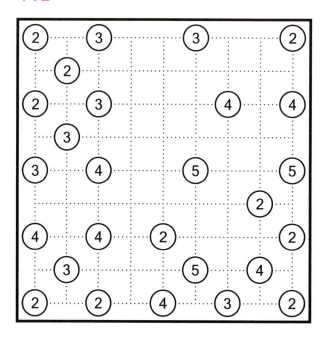

113

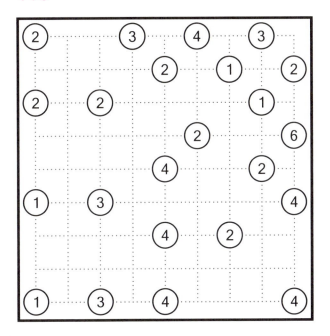

114

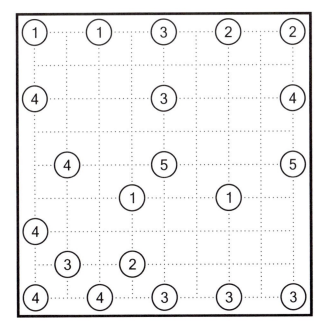

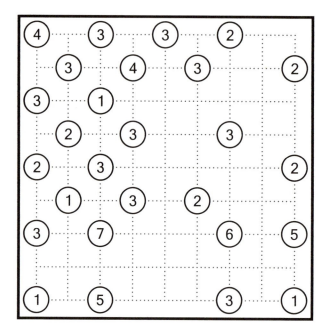

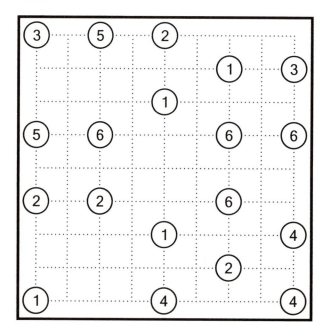

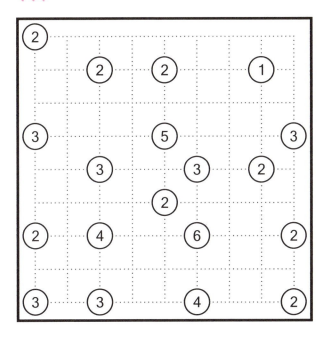

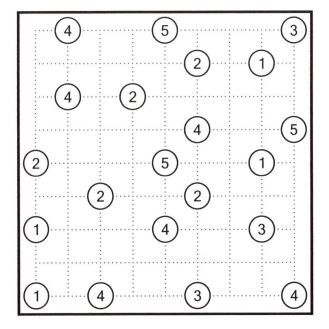

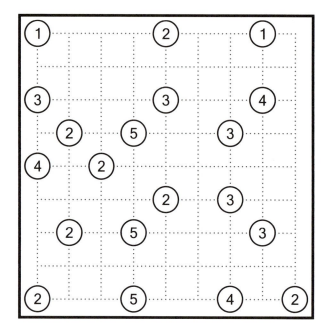

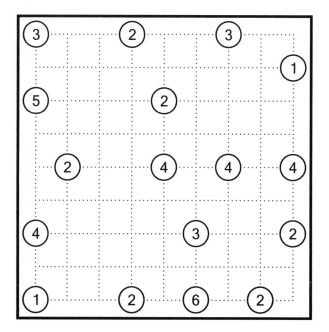

121

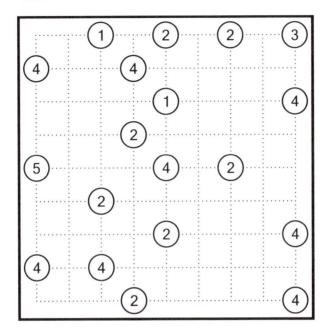

122

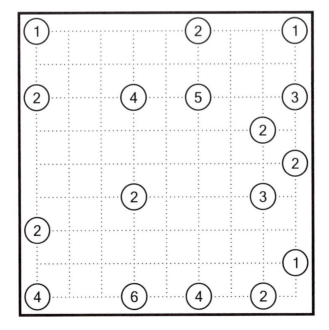

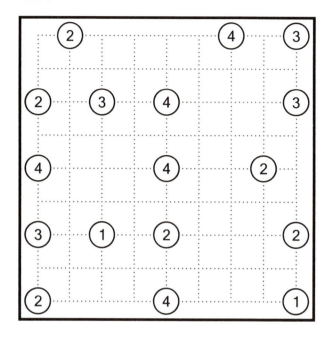

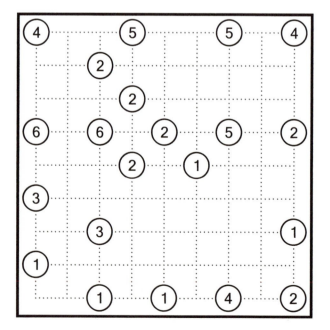

125

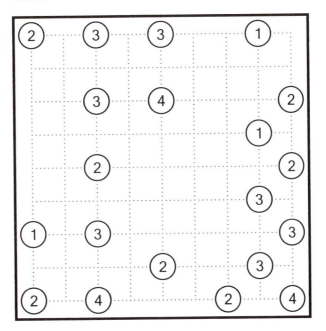

126

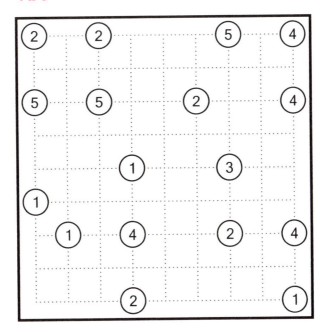

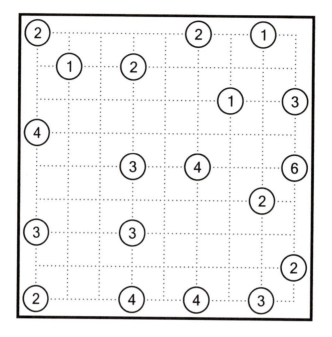

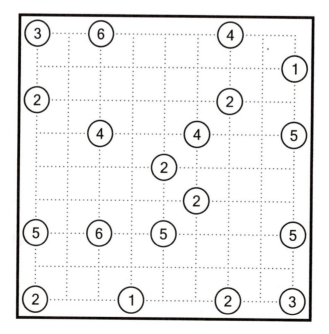

129

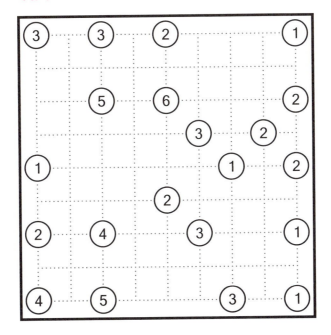

130

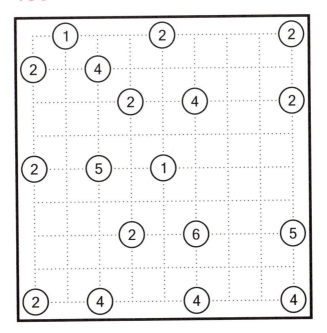

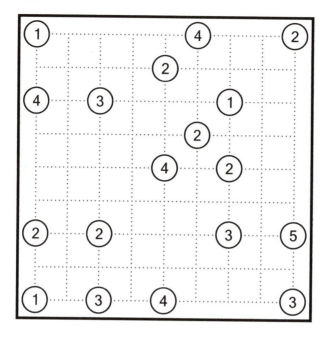

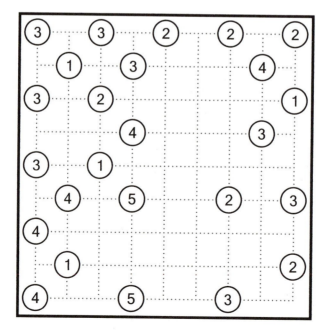

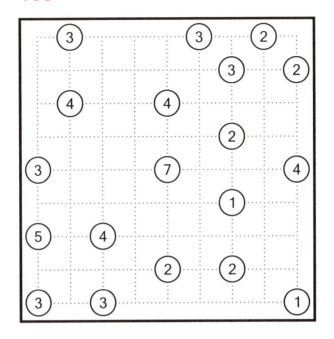

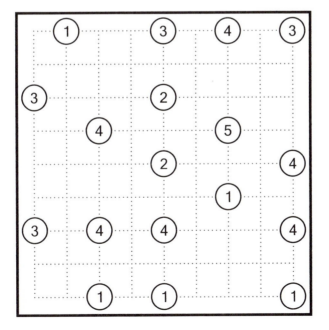

135

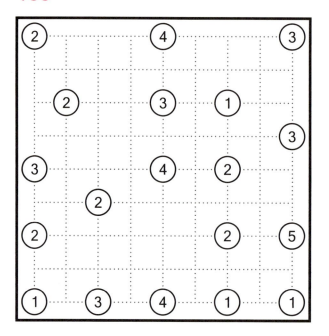

136

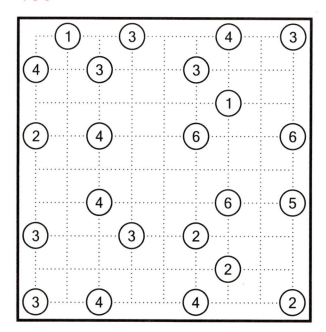

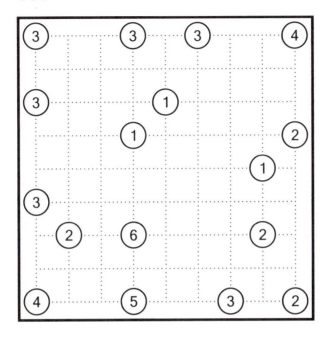

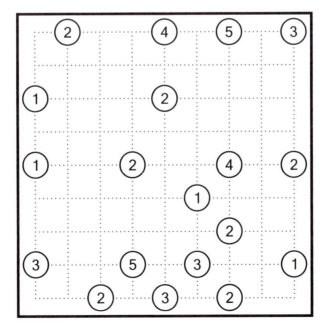

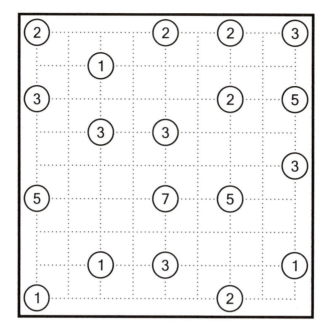

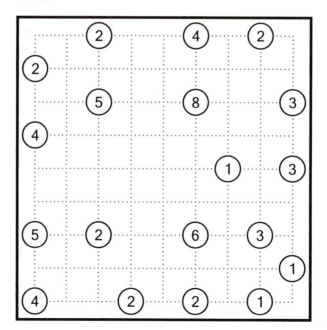

141

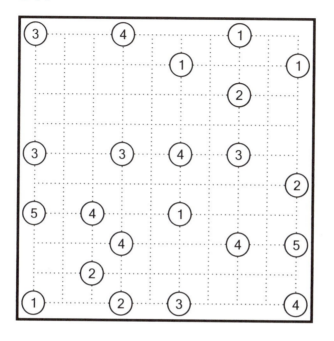

142

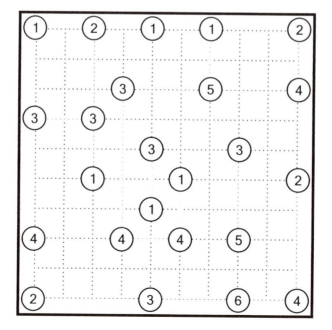

143

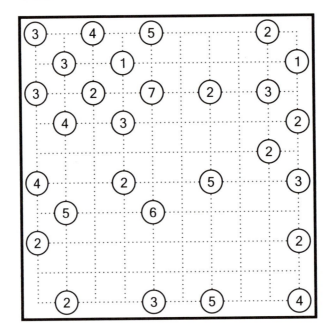

144

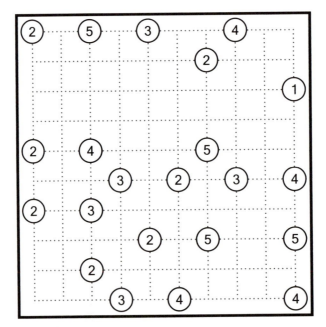

145

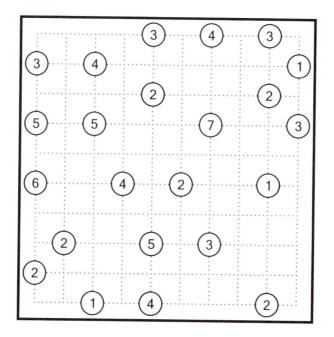

146

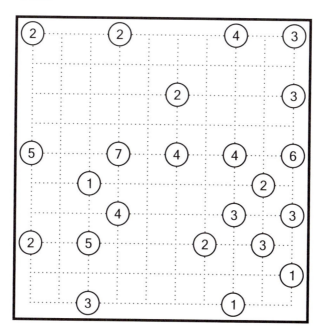

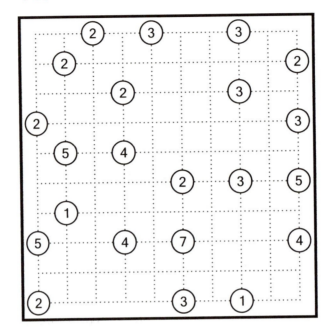

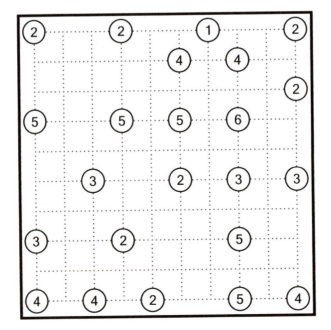

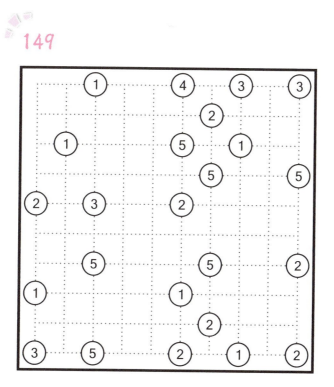

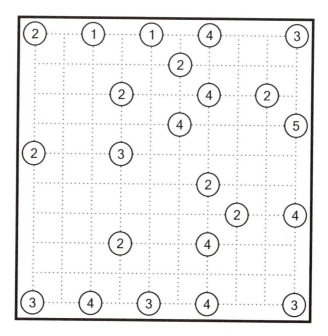

151

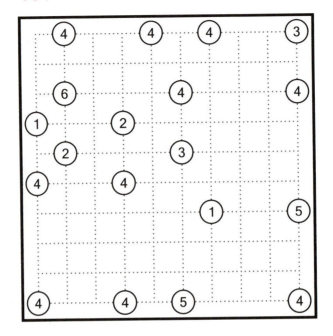

152

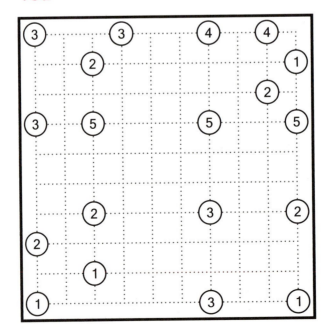

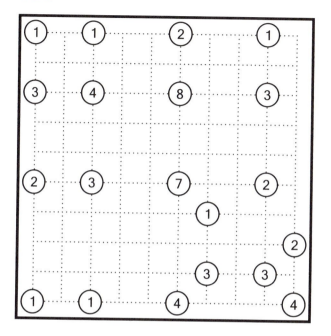

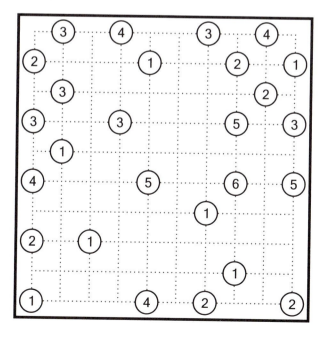

155

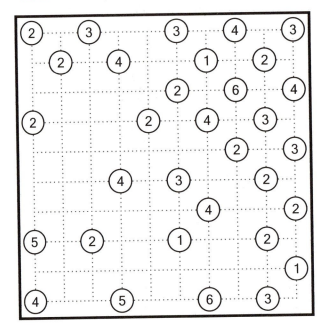

156

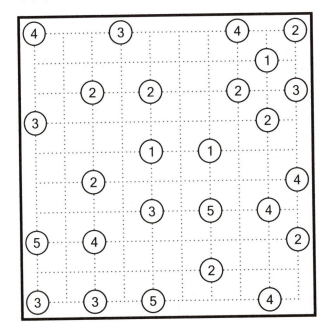

157

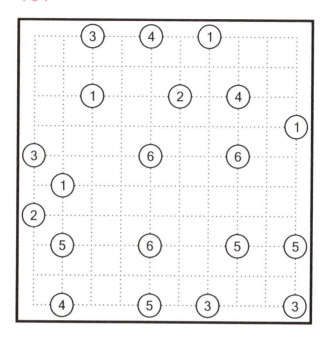

158

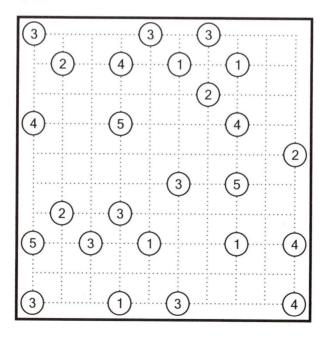

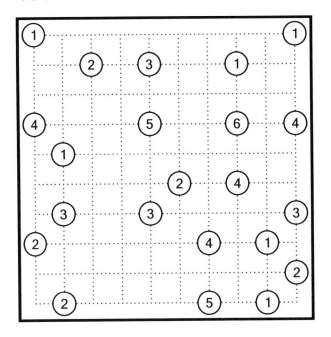

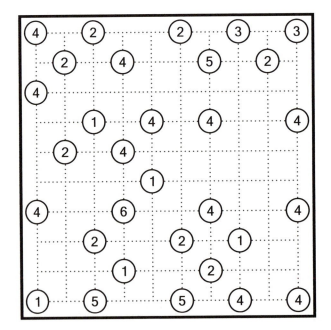

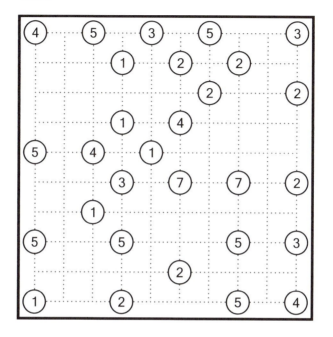

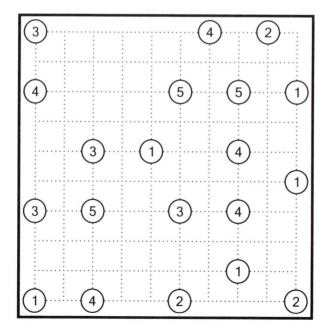

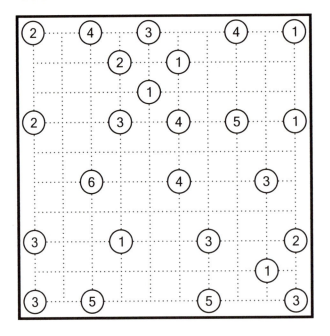

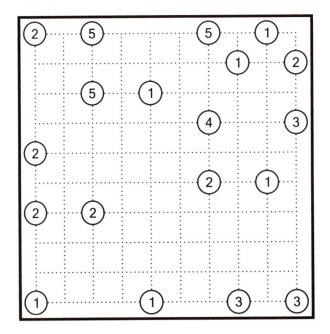

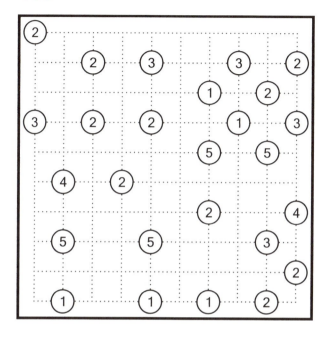

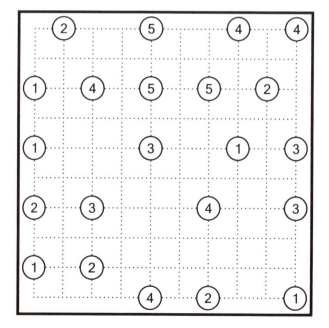

167

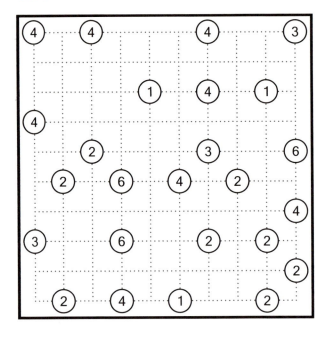

168

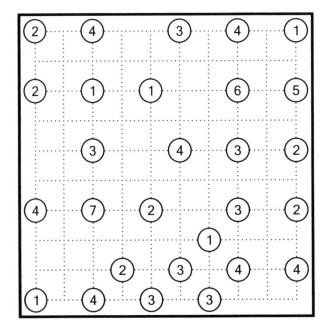

169

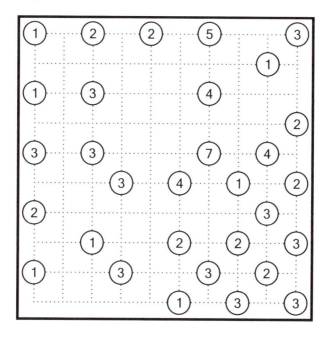

170

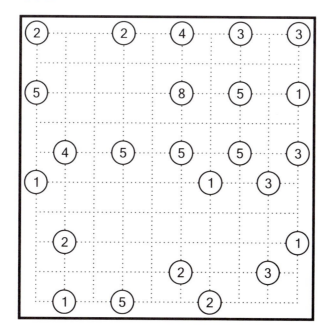

171

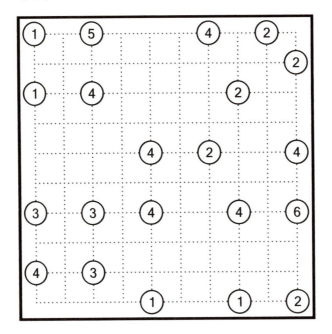

172

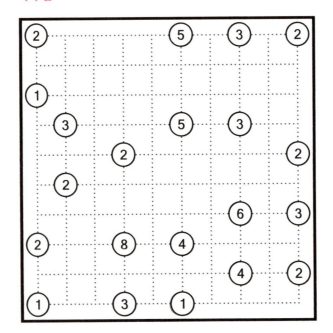

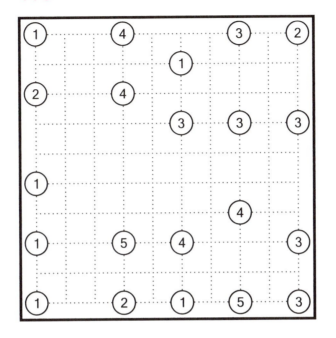

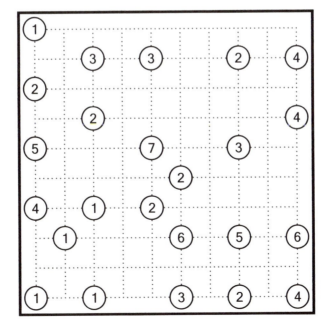

175

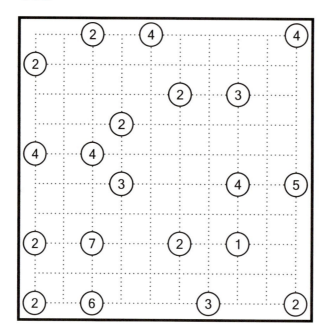

176

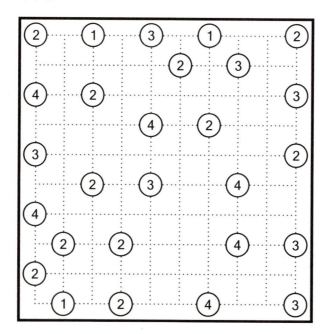

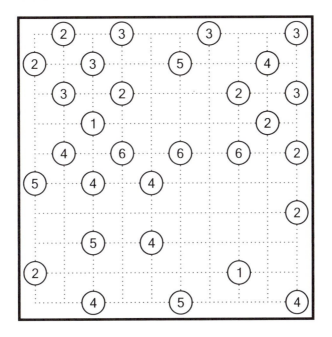

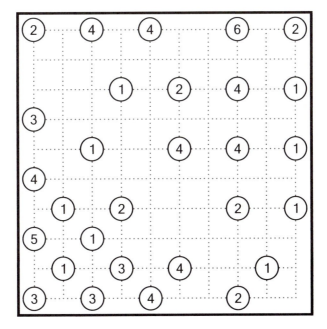

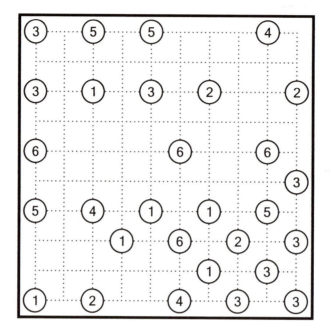

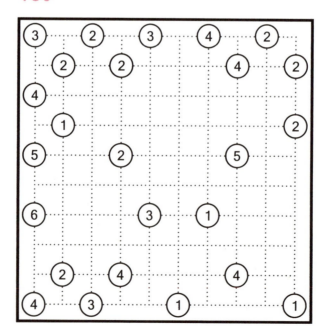

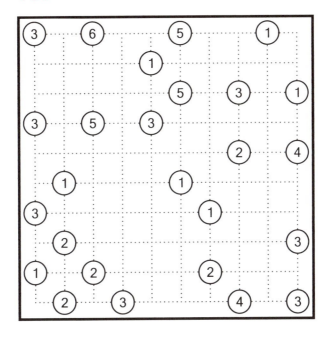

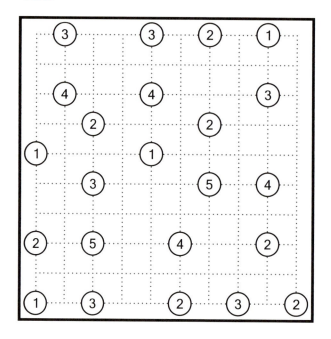

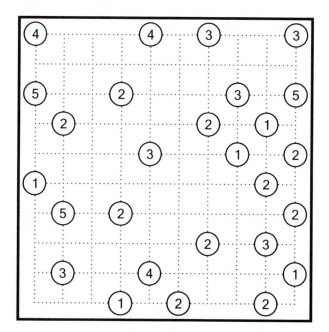

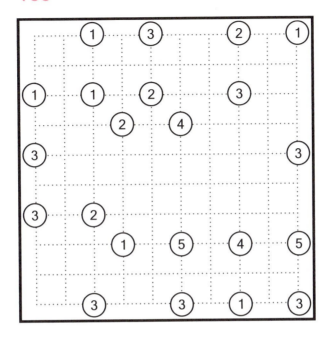

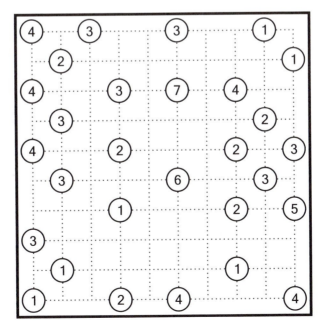

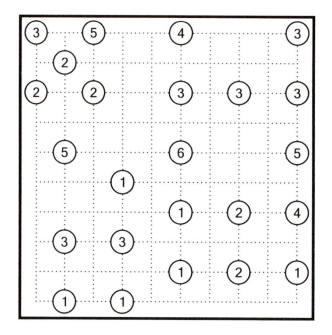

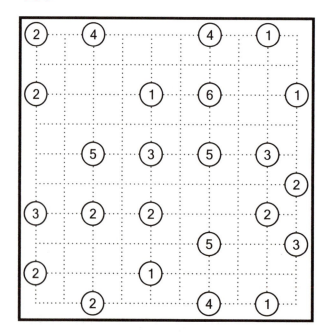

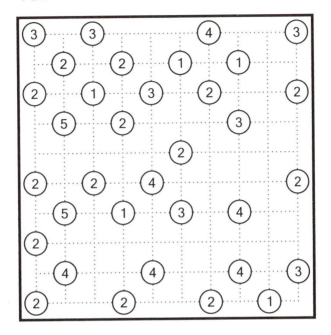

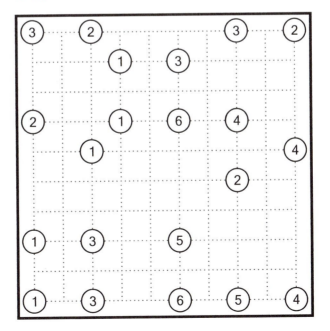

191

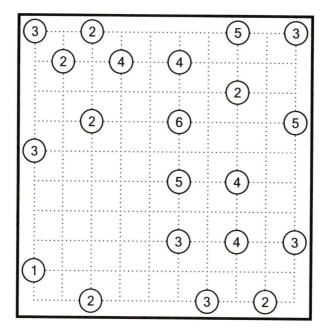

192

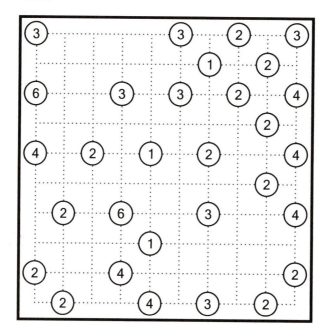

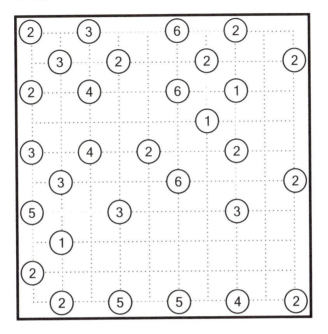

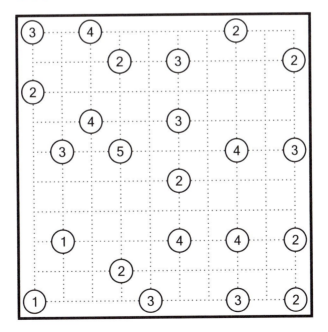

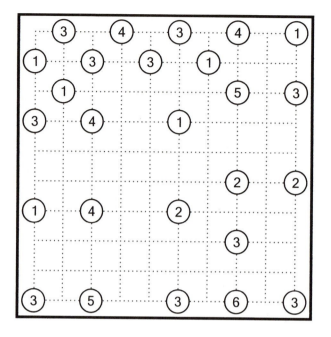

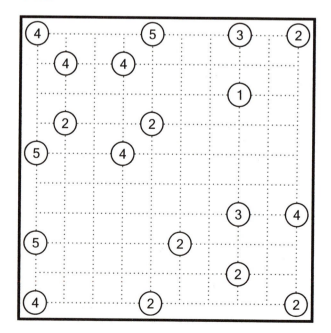

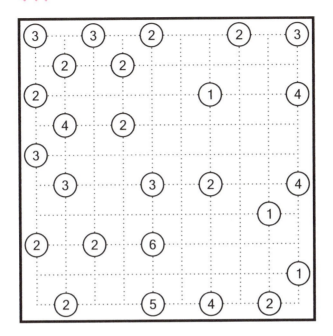

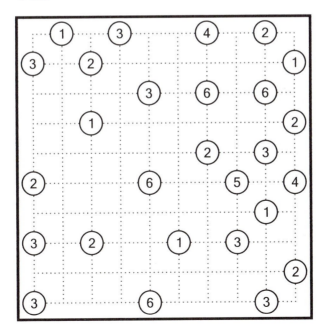

199

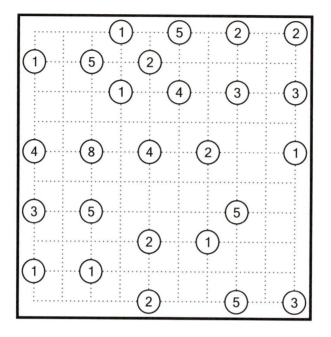

200

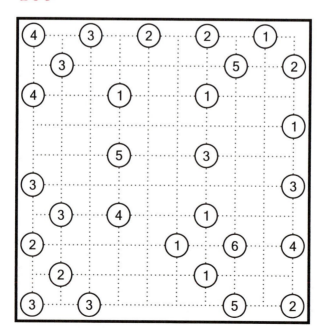

练习题答案

001
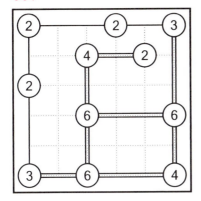

002
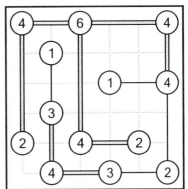

003
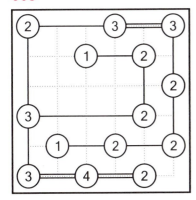

004
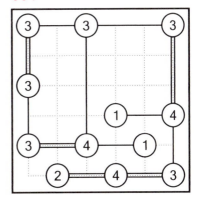

005
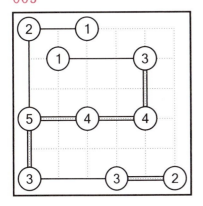

006
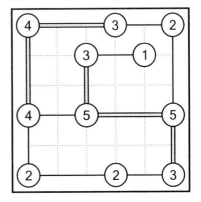

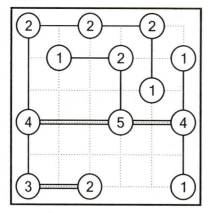

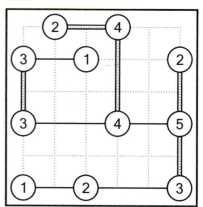

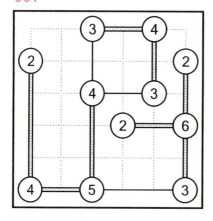

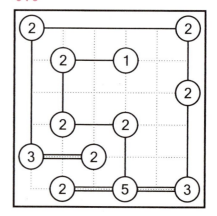

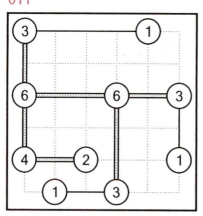

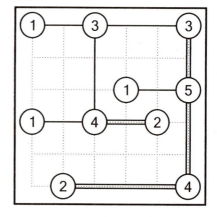

013

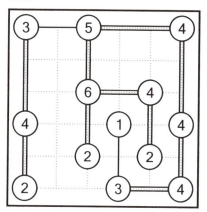

014

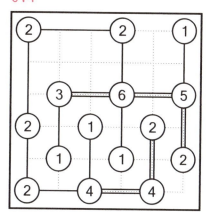

015

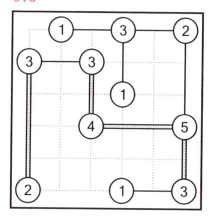

016

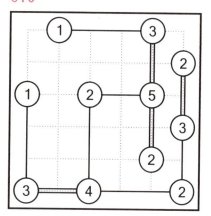

017

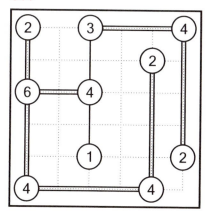

018

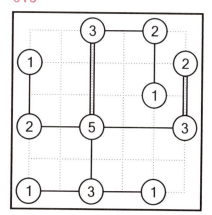

019

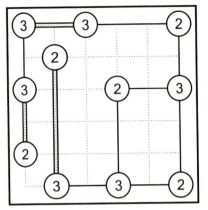

020

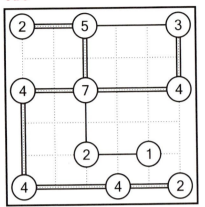

021

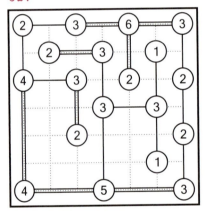

022

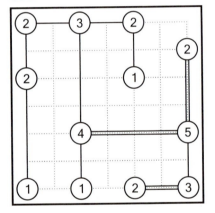

023

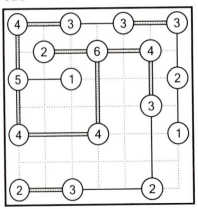

024

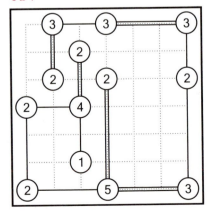

025

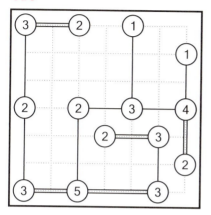

026

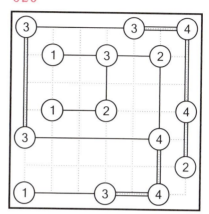

027

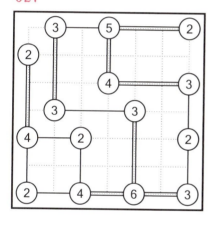

028

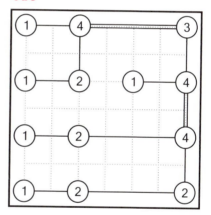

029

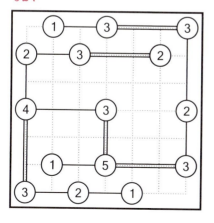

030

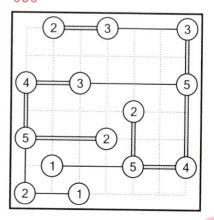

031

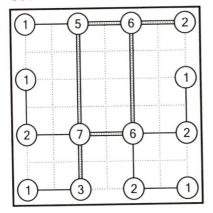

032

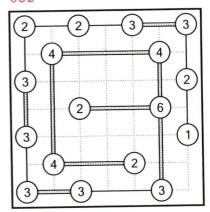

033

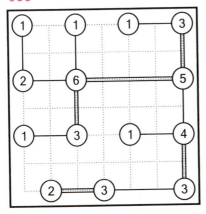

034

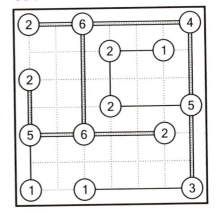

035

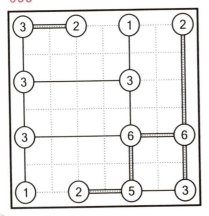

036

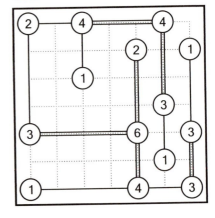

037
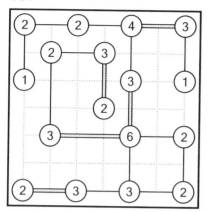

038
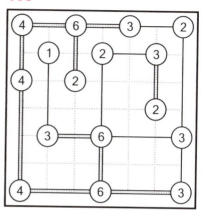

039
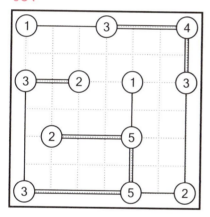

040
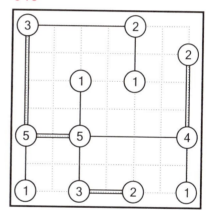

041
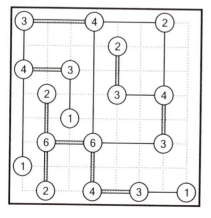

042
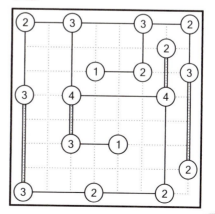

043

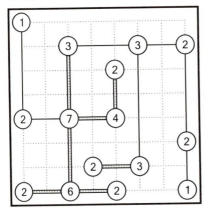

044

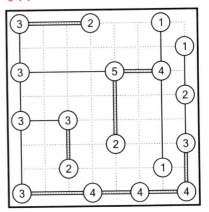

045

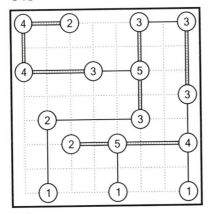

046

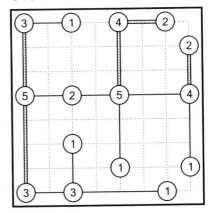

047

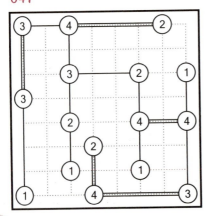

048

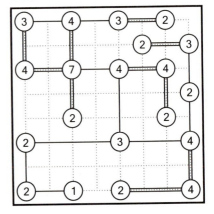

049

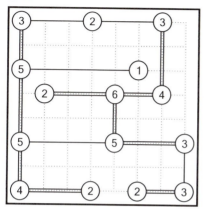

050

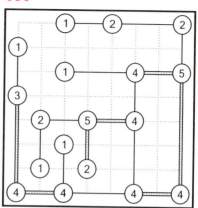

051

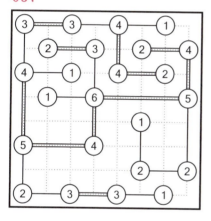

052

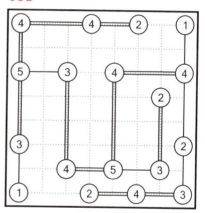

053

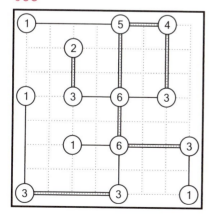

054

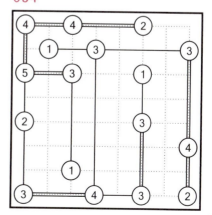

055

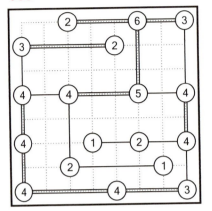

056

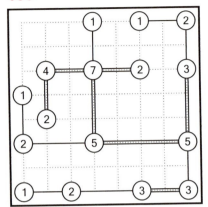

057

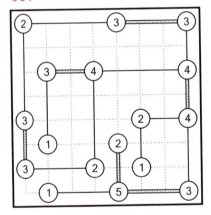

058

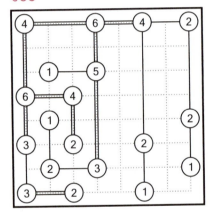

059

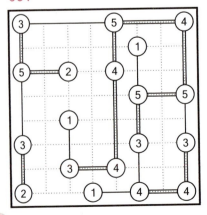

060

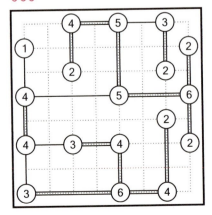

061

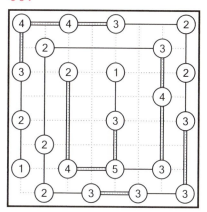

062

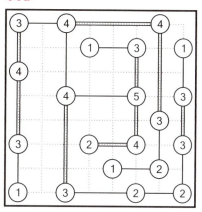

063

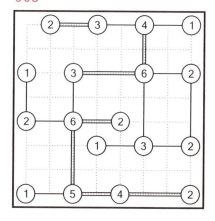

064

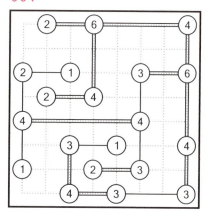

065

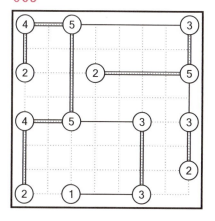

066

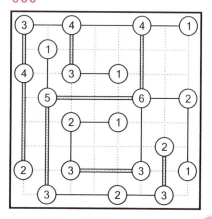

067

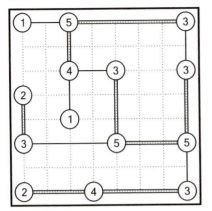

068

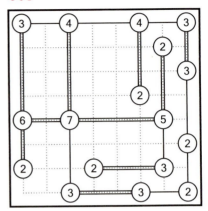

069

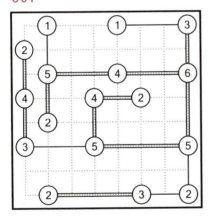

070

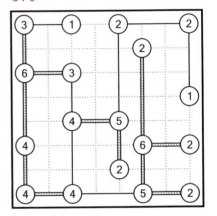

071

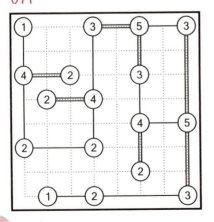

072

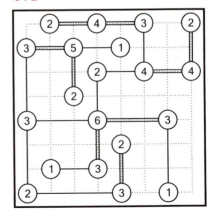

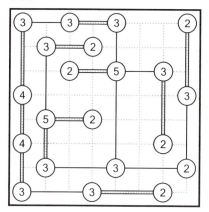

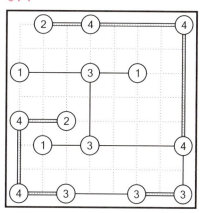

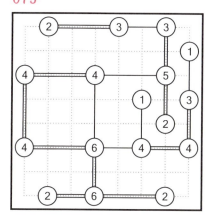

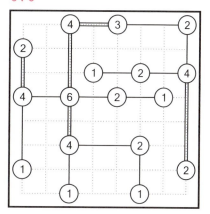

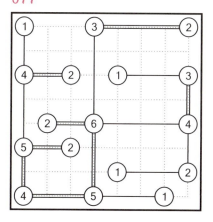

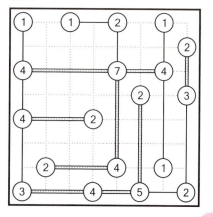

079

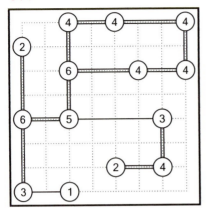

080

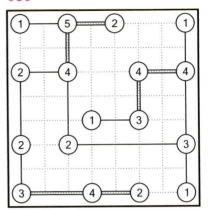

081

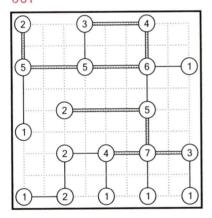

082

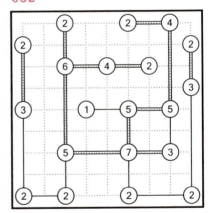

083

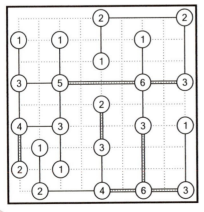

084

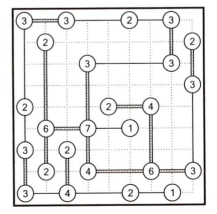

118

085

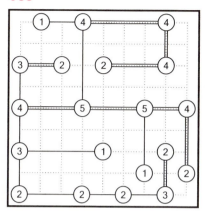

086

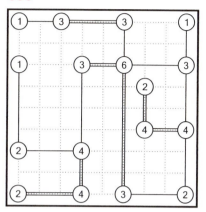

087

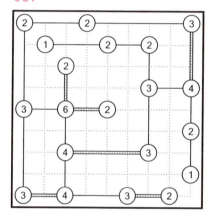

088

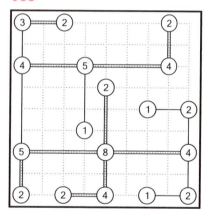

089

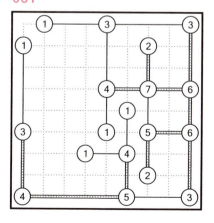

090

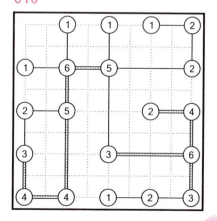

091

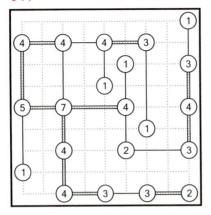

092

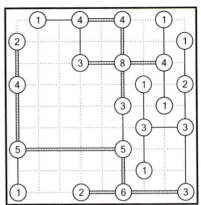

093

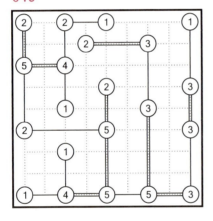

094

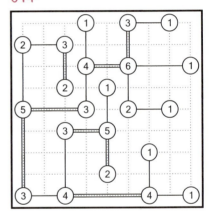

095

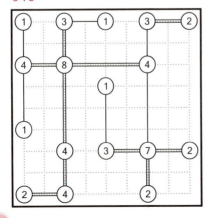

096

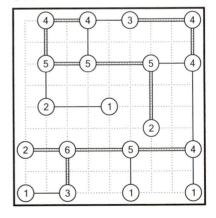

097

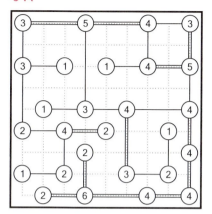

098

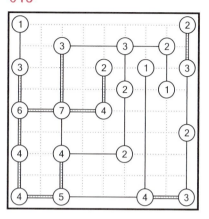

099

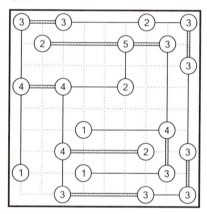

100

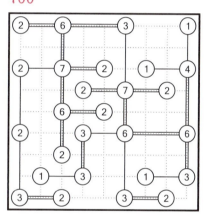

101

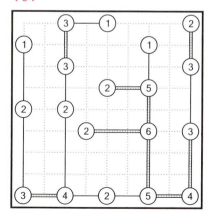

102

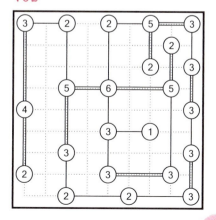

103

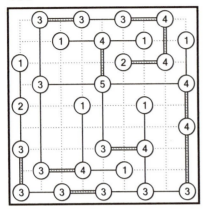

104

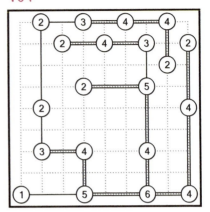

105

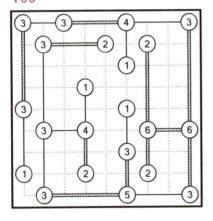

106

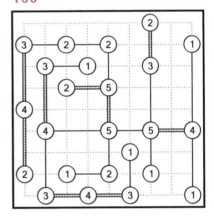

107

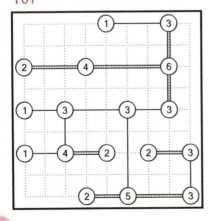

108

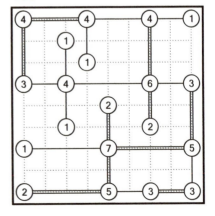

109

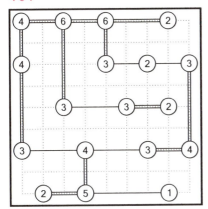

110

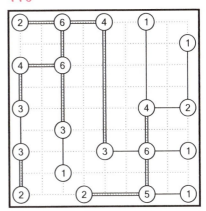

111

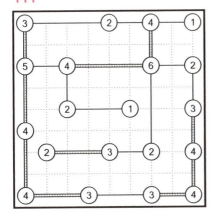

112

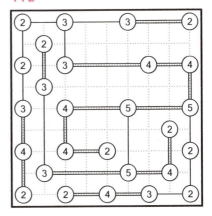

113

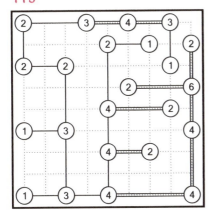

114

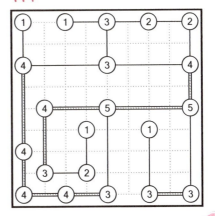

115

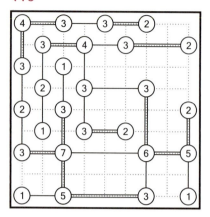

116

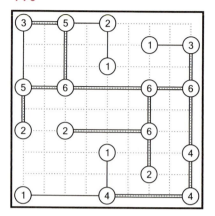

117

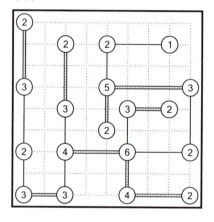

118

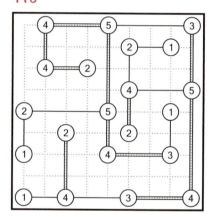

119

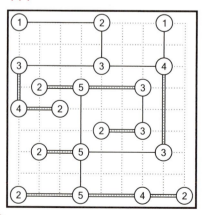

120

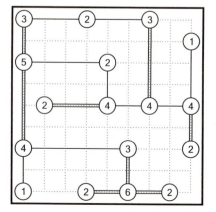

121

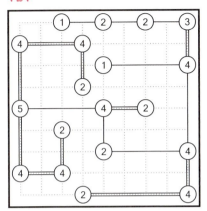

122

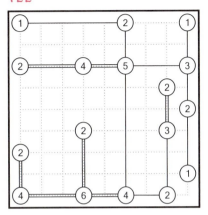

123

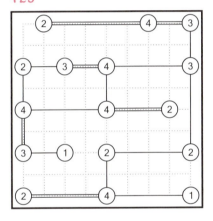

124

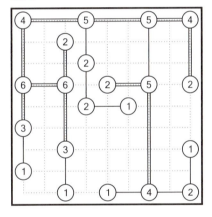

125

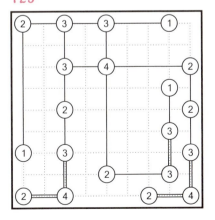

126

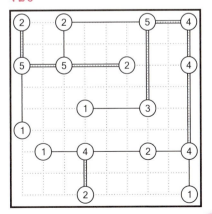

127

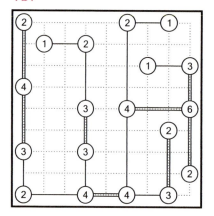

128

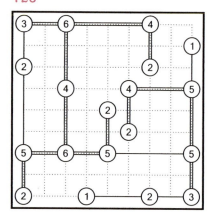

129

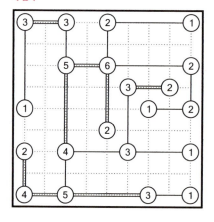

130

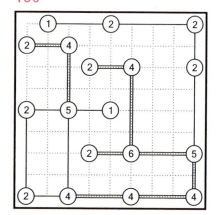

131

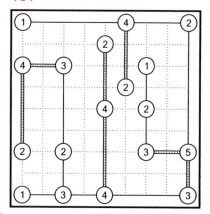

132

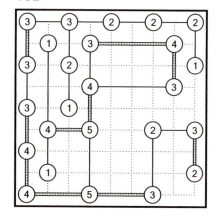

133

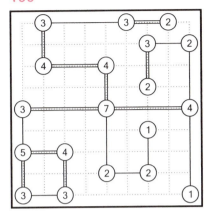

134

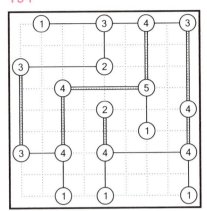

135

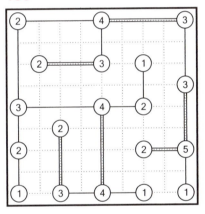

136

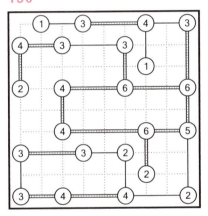

137

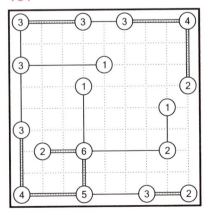

138

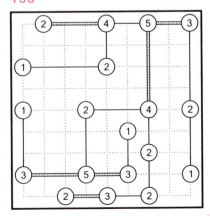

127

139

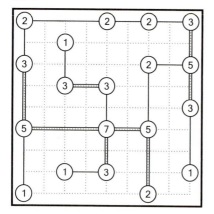

140

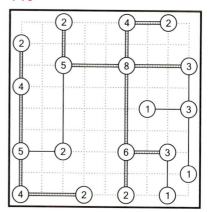

141

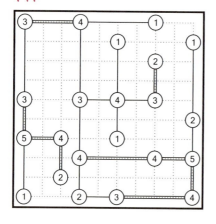

142

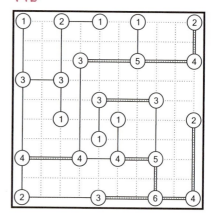

143

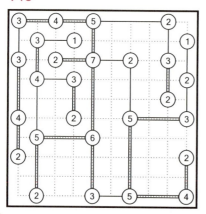

144

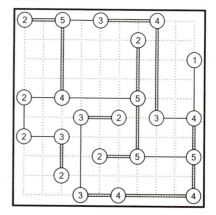

145

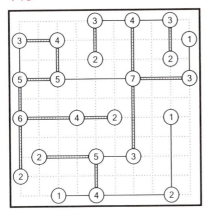

146

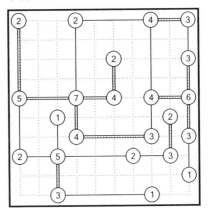

147

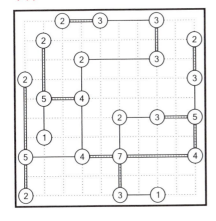

148

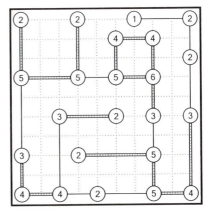

149

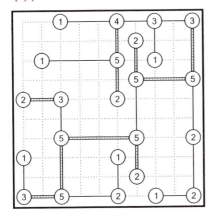

150

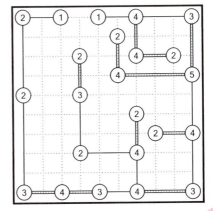

151

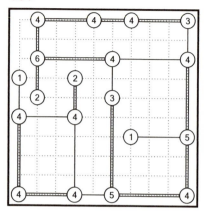

152

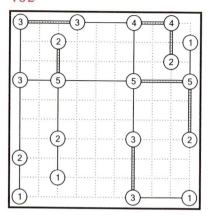

153

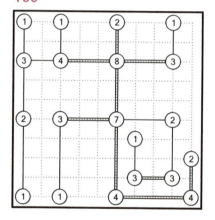

154

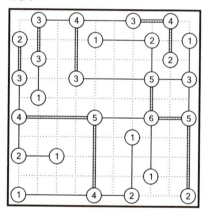

155

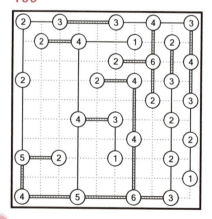

156

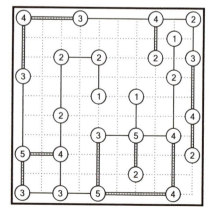

157

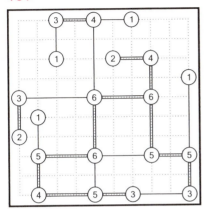

158

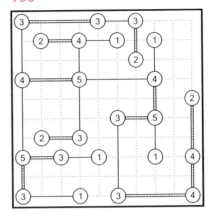

159

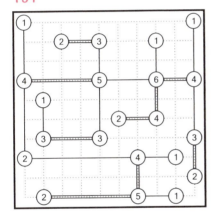

160

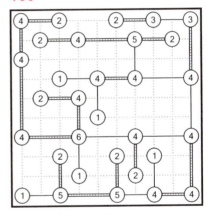

161

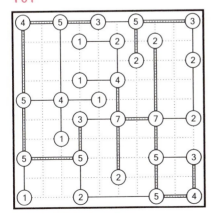

162

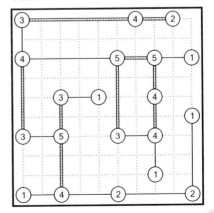

163

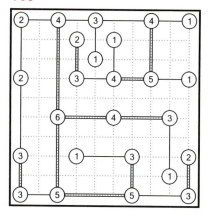

164

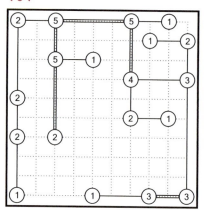

165

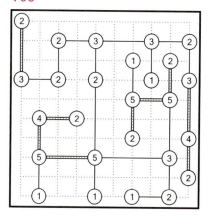

166

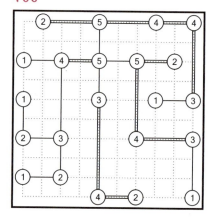

167

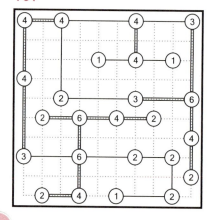

168

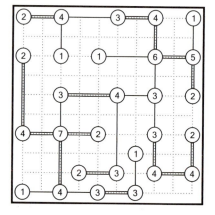

169

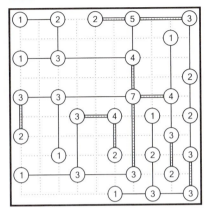

170

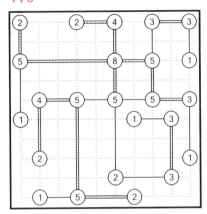

171

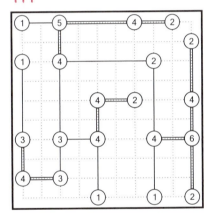

172

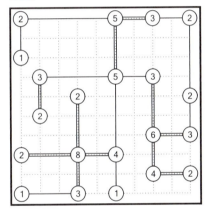

173

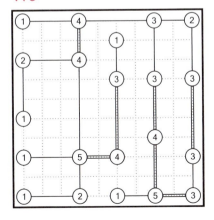

174

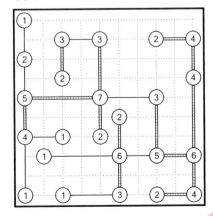

175

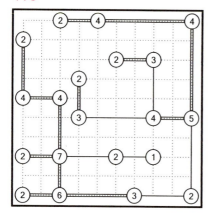

176

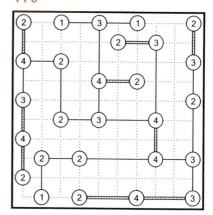

177

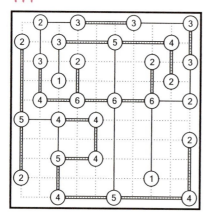

178

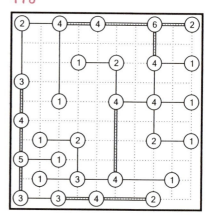

179

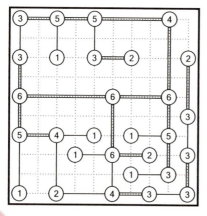

180

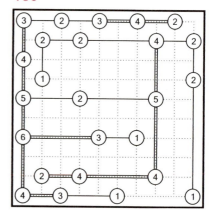

181

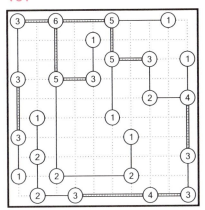

182

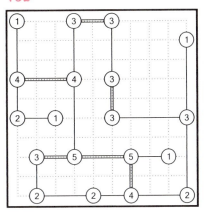

183

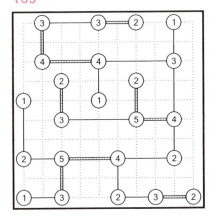

184

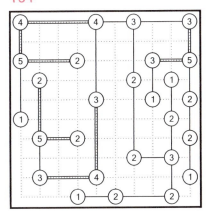

185

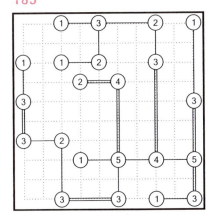

186

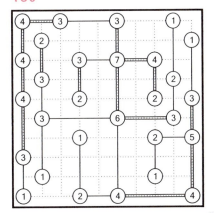

187

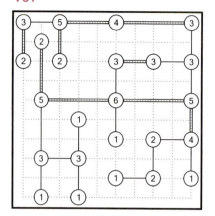

188

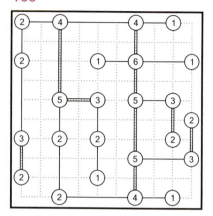

189

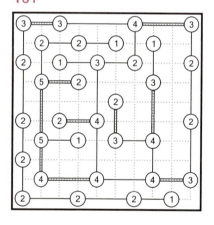

190

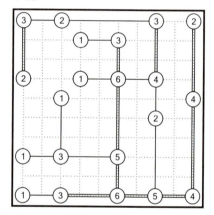

191

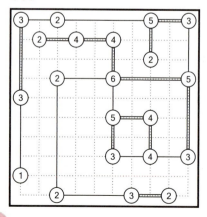

192

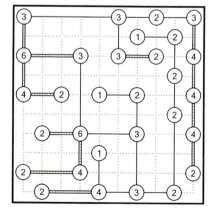

193

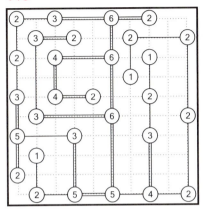

194

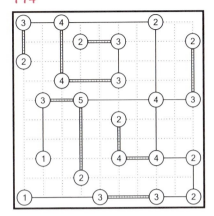

195

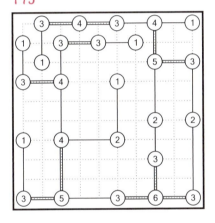

196

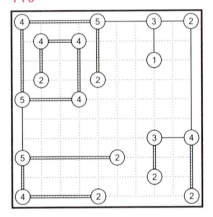

197

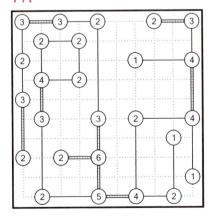

198

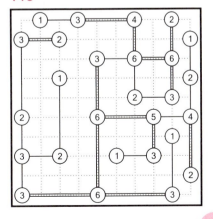

199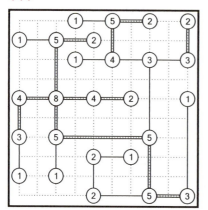

200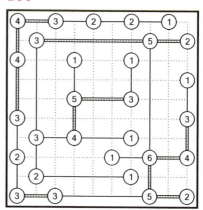

数 桥	温度计	星 战	肯 肯
四 凤	数 壹	帐 篷	星 系
珍 珠	数 墙	美术馆	摩天楼
数 回	TAPA	战 舰	数 和